「トクサンTV」的野球考

トクサン
Tokusan

潮新書
061

潮出版社

はじめに

「トクサン、もしよければうちの雑誌で連載をしませんか」

月刊『潮』の編集者からそんな声をかけられたのは、二〇二一年六月のことだったと思います。その少し前に、同誌の対談企画で仕事をさせていただいたのがきっかけでした。詳《くわ》しく話を聞いてみると、野球の技術だけでなく、野球界のホットな話題や、野球教育に関する僕の考え方などを、エッセーとして書いてほしいという依頼でした。

当時の僕は、すでに野球ＹｏｕＴｕｂｅｒとしてそれなりの経験を積んでおり、ラジオやテレビの仕事もしていました。野球の技術を伝えるための本も出版していましたが、エッセーとなると初めてのことです。しかも、掲載《けいさい》されるのは六〇年以上の歴史がある総合雑誌……。大学まで野球しかやってこなかった僕が、政治や経済、社会、文化など、多岐にわたるテーマを取り扱う総合雑誌で連載する。お話をいただいた瞬間は、とても嬉しい反面、かなり躊躇《ためら》いましたが、最終的にはその場でお引き受けすることにしました。なぜなら、ＹｏｕＴｕｂｅやラジオ、テレビでは伝えられない層に、僕の考え方が届けられるかもしれないと思ったからです。

そこから、担当編集者と毎回の内容についてじっくりと話し合い、伝えたいことを言語化していく作業が始まりました。媒体が総合雑誌ということは、野球に詳しくない人もいます。そうした人々にも理解していただけるように言葉を紡《つむ》ぐ作業を通して、僕自身が改めて野球について深く理解できたように思います。回を重ねるたびに、そうした実感を強く持つことができました。

映像と文章とでは情報量がまったく異なります。動画にある映像や音声が、文章にはありません。そうした違いを考慮《こうりょ》して、文章を紡ぐことで、本業である動画での伝え方にもいい影響を及ぼしたように思います。

連載は、二年半もの長い期間にわたって続けさせていただきました。まさか、そんなに長く続くとは思いませんでした。初めての連載でしたが、終わってみればあっという間の二年半でした。本書は、その連載「トクサンの『人間野球』日誌」をまとめたものです。

僕はよく、地方を訪問して野球教室などのイベントを開催しています。連載をしている二年半のあいだには、各地の野球少年やその親御さん、指導者から『潮』の連載読んだよ」「めちゃくちゃ勉強になる」との声をかけていただきました。そのたびに、雑誌だからこそ届く人は確実に存在するという実感が強まっていきました。

動画でも文章でも、僕が野球の技術に関する情報を発信する際に、いつも心がけているのは最新の情報をお届けするということです。例えば、本書でも取り上げましたが、内野ゴロの処理の仕方。僕が子どものころは判で押したように「まずは腰を低く落としてしっかりと捕球《ほきゅう》しなさい。送球は捕球してから」と教わりました。

ところが、内野ゴロは一塁手に送球して初めてアウトになります。実際には捕球と送球は連動した動きであるにもかかわらず、「まずは捕球。送球は捕球してから」という練習をしてしまうと、実戦ではまったく通用しません。そこで、最近では「腰を低く落としてしっかりと捕球」という指導はほとんどされなくなってきています。

腰をどこまで落とすかは、その選手の身長や手の長さなどの体格、ゴロの状況などによって変わるのです。そして、捕球は常に送球を前提にしたものですので、腰を落とすことよりもむしろ、足の運び方に意識を向ける必要があります。

こうした情報のアップデートは、大人である指導者の側が積極的に行っていかなければなりません。指導者の情報が古いままだと、教えられる子どもたちが上達しないだけでなく、昔の考え方が受け継がれてしまうからです。

雑誌の連載でも、そんな思いで発信を続けたところ、毎号読んでくださっていた少年野球の指導者から、あるときにこんな言葉を掛けられました。「自分は勉強不足だった。勉強しない指導者は辞めないといけないな」と。子どもたちのために野球の情報を発信するものとして、これほど嬉しい言葉はありません。

本書は「一流選手の作法」「若き野球人への提案」「指導者の方へ」という三章立てとなっています。どこから読んでいただいても構いません。野球をプレーする子どもたち、その指導者、野球ファン、草野球をプレーする人など、一人でも多くの人々に何かしらの気付きを得ていただけることを願っています。

トクサン

「トクサンTV」的野球考　◎目次

第1章　一流選手の作法

第2章 若き野球人への提案

第3章　指導者の方へ

装丁／清水良洋（Malpu Design）
本文デザイン／standoff

第1章　一流選手の作法

大谷翔平——イッツ、ショウタイム！

まず、投打の〝二刀流〟で日米の野球ファンを魅了している大谷《おおたに》翔平《しょうへい》選手（現・ロサンゼルス・ドジャース）について取り上げます。

大谷選手にとってメジャー四年目となった二〇二一年シーズンの序盤で大きな話題になったことといえば、四月二十六日の「二番・投手」での出場でしょう。大谷選手はその時点でメジャー両リーグ最多タイの七本の本塁打を放っていました。本塁打トップの選手が先発投手を務めたのは、なんとぴったり一〇〇年ぶりのこと。アメリカで〝野球の神様〟と称されるベーブ・ルース以来の快挙となったのです。大谷選手、やはり何かを持っている……。

ベーブ・ルースといえば、メジャー通算七一四本塁打、九四勝という成績を残した〝元祖二刀流〟です。実は僕、二〇一八年に訪米した際に、ルースの実娘にお会いする機会があり、〝野球の神様〟が実際に使っていたバットを握らせてもらったことがあります。

その感想をひとことで表すならば、バットというよりはただの木の棒という感じ。現代の野球選手が使うバットの重さは大体八二〇～九〇〇グラムなのですが、ルースのそれは一キロを超えていました。

〝二刀流〟では収まらない

ルースと大谷選手は、とりわけ二刀流の成績の面で何かと比較されがちですが、実際にバットを握ってみて感じたのは、時代や環境などが異なる二人を単純には比べられないし、比べる必要もないのではないかということでした。

象徴としてのルースと比較されるほどに大谷選手が賞賛されている。個人的には、シンプルにそう受け止めています。

大谷選手の場合、もちろん投打の双方が一級品であることに疑いの余地はありませんが、「二刀流」という言葉は、ともすれば彼の本領を矮小化《わいしょうか》しかねないとも感じています。というのも、大谷選手は外野手としての守備や走塁の面でも一流です。本塁打を打った次の打席でセーフティーバントを決めるなどの小技も光る。そう考えると、少なくとも四刀流や五刀流と言ってもいいように思うのです。

日本の野球において、投手を打線の戦力として見るのは一般的には高校野球まででです。大学や社会人、プロでは、投手は投手、野手は野手といった分業制が通例となっているのです。昔に比べれば最近は、高校野球でも分業制が色濃くなってきていますが、ひと昔前で言えば、横浜高校時代の松坂大輔《まつざかだいすけ》さんは打撃の面でも主軸として活躍し、高校通算で一四本の本塁打を打っています。

プロ野球でも投手だからといってまったく打席に立たなくて良いわけではありません。セ・リーグはＤＨ（指名打者＝攻撃時に投手に代わって打席に立つ選手）制を採用していませんし、ＤＨ制のあるパ・リーグの投手もセ・パ交流戦では打席に立たなければならない場面があるのです。そうしたときに投手はどうするかというと、試合展開にもよりますが、基本的には投球に備えて勝負しません。勝負には死球やケガなどのリスクがありますし、出塁してしまうと疲労を蓄積してしまうからです。

とはいえ、これまでにも打撃成績が良かった投手がいなかったわけではありません。往年の選手を挙げれば、金田正一《かねだまさいち》さんや堀内恒夫《ほりうちつねお》さん、桑田真澄《くわたますみ》さんなどは、間違いなく打撃の面でも戦力として考えられていたはずです。松坂投手が高卒後、仮にセ・

リーグの球団に入団していれば、さすがに野手として出場することはなかったと思いますが、登板の日には二刀流が見られたかもしれません。

一流の選手は人間としても一流

僕が個人的に大谷選手の最大の武器だと思っているのは、彼のずば抜けた体力です。野球での疲労というと、多くの方は投手の肩肘の疲労や、毎日のように試合がある野手の慢性的な肉体の疲労を思い浮かべるのではないでしょうか。もちろん、それらは常人には想像も及ばない疲労のはずです。ただし、プロ野球選手の疲労はそれらだけではありません。

野球というスポーツは、プレーのレベルが高くなればなるほど頭脳を使います。例えば野手の場合、打席では一球ごとに相手バッテリーの配球を読みますし、守備の際にもやはり味方バッテリーの配球に合わせて一球ごとに準備をします。大谷選手の場合、そうした頭脳を酷使することで蓄積する疲労も含めて、野手としてレギュラーで試合に出続けて、中五日や中六日で投手として登板しているのです。成績以前に、それ自体が並外れた体力の持ち主でなければできない偉業と言えます。

もう一つ、僕が注目しているのは大谷選手の振る舞いです。大谷選手の試合中の所作を見て、チームメートや相手チームの選手のみならず、ファンや審判、さらにはボールボーイ（ファウルボールの回収や球審へのボールの補充などを行うスタッフ）やバットボーイ（打者が使用したバットの回収などを行うスタッフ）に対する敬意を感じるのは僕だけではないはずです。

相手チームの捕手がこぼした球を打席から躊躇《ちゅうちょ》なく拾いに行ったり、マウンドからベンチに戻る際に相手打者が放り投げたバットを回収してバットボーイに手渡したり。それら一つ一つの振る舞いは、現地の野球中継の実況アナウンサーにも注目されています。日本でも、スポーツニュースやＹｏｕＴｕｂｅには、そんな大谷選手の〝人間力〟にフォーカスを当てている映像が少なくありません。これは僕が創価大学野球部で学んだ自分自身の指針でもありますが、やはり一流の選手というのは人間としても一流なのです。

ミスターこと長嶋茂雄《ながしましげお》さんが、球場に足を運んでくれたファンを喜ばせるために、三振の際にいかに格好よくヘルメットを飛ばすかを研究していたというのは有名な話です。このエピソードが示すように、一流選手の一挙手一投足に注目するのがファンの心理というものでしょう。その意味では、大谷選手の試合をリアルタイムで見られる僕たちは、ただ彼のプレーを見ているだけで〝歴史の目撃者〟になれるわけです。

大谷選手に限らず、一流選手を見るときにいつも感じることがあります。それは、両親や兄弟姉妹、学校の先生や野球指導者など、その選手にかかわったすべての人々の誰一人が欠けたとしても、その選手は誕生し得なかっただろうということです。大谷選手について言えば、仮に中高時代の指導者や北海道日本ハムファイターズの栗山《くりやま》英樹《ひでき》監督が二刀流を否定し、投手か打者のどちらかに専念させていたならば、今の彼の活躍はないわけです。

大谷選手は、二〇二四年七月で三十歳を迎えます。ベーブ・ルースが二刀流で活躍したのは実質的には五年ほど。成績だけを見ると、ルースの場合はどちらかというと二二年のキャリアの前半で投手として活躍し、中盤から後半にかけて打者として花開いたという印象があります。ともあれ、先にも述べた体力的な部分を考慮しても、大谷選手が今後、二刀流として活躍できるのはここからの数年がピークになるはずです。

これからの大谷選手について、個人的には楽しみが二つあります。一つは単純にこの先の数年間でどれだけ活躍してくれるかということ。そしてもう一つは、たとえ体力的に衰えたとしても、経験値を積んだ彼が将来的にどんな選手になっていくのかということです。今後も大谷選手から目が離せません。

新庄ビッグボス――その本当のすごみ

日本球界において、いま注目を集めている人物といえば、ビッグボスこと北海道日本ハムファイターズの新庄剛志《しんじょうつよし》新監督もその一人でしょう。二〇二一年十一月に行われた就任会見以降、野球ファンのみならず多くの人々がその一挙手一投足に熱い視線を送ってきたはずです。

いまや〝時の人〟となっている新庄さんですが、実は二〇二一年年二月に「トクサンＴＶ」に出演してくださったことがあります。ちょうど新庄さんが二〇二〇年の十二月に開催されたプロ野球の合同トライアウトを受けて話題となった直後のことでした。番組では、日米球界でも屈指の守備力を誇った新庄さんに、その外野守備論を語っていただきました。

新庄さんといえば、現役時代の派手なパフォーマンスや、一四年ぶりの現役復帰をかけた先述の合同トライアウト、あるいは監督就任会見でも披露された奇抜《きばつ》なファッションなど、エンターテイナーとしての側面ばかりが注目されがちです。また、選手としては類《たぐ》いまれな身体能力や〝カン・ピュー・ター〟と称される第六感的な勘《かん》の良さなど、生まれ持った能力こそが強みだったと思われている節があります。

ところが、実際にお話をうかがってみると、華やかさや超人的な能力はあくまで新庄さんの一側面であり、とりわけ外野守備に関しては極めて緻密《ちみつ》な理論家だったことがわかりました。ここでは一つだけ、その具体例を挙げたいと思います。

センターから配球のサインを出していた!?

一般的に外野手のファインプレーといえば、ライナー性の打球や大飛球をギリギリのところでダイビングキャッチしたり、本塁への矢のような送球によって失点を防《ふせ》いだりといったシーンを思い描く人が多いはずです。しかし、現役時代の新庄さんが思い描いていたファインプレーは、そうした明らかな美技ではありませんでした。

センターを守る新庄さんは、打者の調子や投手との相性、バッテリーの配球などによって、一球ごとにポジショニングを変えていたそうです。そして、レフトとライトには、センターのポジショニングに連動して常に互いの距離が一定になるように指示していたと言います。例えば、ツーストライクに追い込まれた右打者は基本的には強振しません。そこで新庄さんはいつもよりライト寄りに移動します。するとレフトとライトも新庄さんと同じ方向に同じ距離だけポジショニングを変えるのです。これについて、新庄さんは次のように語っていました。

「右打者が追い込まれると、ライト側のファウルフライが増えるでしょ。それをライトに捕ってもらうのが、俺にとってのファインプレーなの。右中間は俺がカバーして、左中間はレフトにカバーしてもらう。もしもレフト線に引っ張られたら、それは俺の責任だって言ってたの」

つまり、ファウルグラウンドまでを外野手の守備範囲として、一つでも多くのアウトを取るためにセンター・レフト・ライトが緊密に連動する。その独自のシステムをうまく機能させ、一般的にはアウトにできなくて当たり前とされているファウルフライを捕ることこそが、新庄さんにとってのファインプレーだというのです。ここまで奥深い外野守備論を僕は初めて聞きました。

番組では他にも徹底的に考え抜かれた新庄さん独自の守備論を明かしてくれたのですが、僕が一番驚いたのは、センターのポジションからキャッチャーに対して配球のサインを出していたという話です。

新庄さんいわく、一試合まるごと配球の指示を出し、完封したこともあるそうです。確かにセンターは投手・打者・捕手が正面から見えるポジションではあるものの、並外れた視力と観察力、さらには集中力がなければできないはずです。野球を知っていればいるほど俄《にわ》かには信じがたい話ですが、新庄さんならそれを実際にやってのけそうに思ってしまうのは僕だけではないはずです。

メディアやファンに対しては徹してエンターテイナーとして振る舞う。その一方で、いざ野球となれば超がつくほどに真面目にワンプレーのことを考え抜く。それが、僕が抱いた新庄さんの印象です。

既存の価値観に囚《とら》われない発想力

良いチームをつくる。良い成績を残す。集客力を上げる。新監督には、さまざまな面で結果が求められるものです。もちろん新庄監督もそれらのことに挑んでいるわけですが、ビッグボスの場合は同時に日本球界全体の改革も視野に入れているのではないかと感じています。

二〇二二年一月、新庄監督がコーチ陣に対して新人選手への指導を禁止した旨がスポーツ紙で報じられました。紙面によると、監督の言い分はこういうことだったようです。新人選手といえども、彼らは実力があるからプロの世界に入ってこられた。だから、一年目は自由にやらせるべきだ。せっかく素質がある新人を、コーチが抑えつける形で指導した結果、まったく成績が残せずに数年で引退してしまったという例を過去に何度も見てきた。結果が出ないときに、コーチは責任を取ってくれない。だから新人選手には、まずは自分が思うようにプレーさせるべきだ――と。

僕はこの新庄監督の意見に大賛成です。選手には選手の責任がある一方で、教える側には教える側の責任がある。これは何もプロ野球に限った話ではありません。指導者にはどうか、自分自身の枠に選手を当てはめるのではなく、選手の長所を見極め、それを最大限に伸ばす指導をしてもらいたいと思います。選手が結果を残せないときはすべて自分の責任。逆に、選手が良い結果を出したときには、すべて選手の努力の賜物《たまもの》。そんなふうに言える指導者であってほしいと思います。

新庄さんが「トクサンTV」に出演してくださった際に、こんな話をされていました。

現役当時のこと。ある年の新庄さんは、打率が二割三分程度と打撃成績が低迷しました。ところが、オフシーズンの契約更改で新庄さんは年俸を上げるように球団側に要求したそうです。なぜならその年の新庄さんは一三もの補殺（外野手の補殺は、タッチアップなどのランナーを送球によってアウトにすること）を記録したからだと言います。

ホームランを一本打てば一点。タッチアップのランナーを本塁上でアウトにすればマイナス一点。補殺はそれだけチームの勝利に貢献する成績なのだから、年俸を上げてくれ。そう訴えたのです。球団側は最終的に新庄さんの要求をのみ、年俸アップに応じてくれたそうです。

この話は、既存の価値観に囚《とら》われない新庄さんの発想力の豊かさを表しているように思います。この発想力は、監督としても大いに発揮されることでしょう。

シーズンが始まれば、メディアをはじめ多くの方々の関心は日ハムの勝敗に向けられるはずです。つまり、結局のところ新庄監督の采配はいかがなものか――と。

もちろん、勝負である以上は勝ちにこだわるのがプロ野球の世界です。しかし、プロ野球は勝負の世界であると同時に、興行の世界でもあるというのが現実です。開幕前に、すでにこれだけ人々の関心を野球に引き付け、話題を欠くことがなかった。それだけでも、すでに新庄監督の持てる力は存分に発揮されていると言えます。

チームとして好成績が収められれば、それに越したことはありませんが、仮に成績が振るわなくとも、一人の野球ファンとして、新庄劇場を大いに楽しみたいと思います。

吉田正尚——メジャーへの対応力を科学で解明する

二〇二三年のＭＬＢ（メジャーリーグ）の開幕から三週間ほど経った頃、野球ファンはある選手を心配な目で見つめていました。それは同年のＷＢＣ（ワールド・ベースボール・クラシック）で侍ジャパンの主軸を務めたボストン・レッドソックスの吉田正尚《よしだまさたか》選手の不発です。ご存じのとおり、吉田選手は二〇二三年からＭＬＢに挑戦しています。

吉田選手の快音を聞くには、少し時間がかかるのか……そんな不安が頭を過《よぎ》り始めた矢先の同年四月二十日、吉田選手のバットは突如として快音を響かせ始めました。吉田選手に何があったのか。「トクサンＴＶ」の企画で、スポーツ科学を駆使したアナリストと検証する機会がありました。

検証では、二つの変化が良い結果に結びついたという結論に至りました。一つは、吉田選手がＭＬＢの投手の速球に慣れてきたこと。もう一つは、打席で構える際にグリップエンドの位置が少し下がったことです。少し解説してみようと思います。

ＭＬＢでは、二〇一七年頃からフライボール革命という現象が起きました。従来はダウンスイングが良いとされていたものの、アッパースイングで下から上に振り上げたほうが、ホームランや長打が生まれやすいと考えられるようになり、それを実践する選手が増えたのです。実はこの背景には、チェンジアップやツーシームなど小さく変化する球種を投げる投手が増えたことがありました。そもそも、どんなに速い直球であろうが空気抵抗と重力がある以上は、ボールは打者に近づくにつれて沈み込みます。そこに小さく変化する（主に落ちる）変化球が増えたわけですから、ならば下から上に振り上げたほうがボールに強く当てることができる、という考え方になるのは理に適《かな》っています。

ところが最近では、このフライボール革命はもはや終焉《しゅうえん》を迎えたと言っても過言ではありません。というのも、打者が下から上に振り上げることがわかった投手らは、今度は勝負球として胸元に高めの直球をどんどん投げ込んでくるようになったのです。打者からすると、低めの変化球に比べて高めの直球はスイングの始動からボールに当たるまでの時間が短くなります。つまり、ボールを見極める時間が短くなるのです。

そうなると、フライボール革命以前に主流だったバットを最短で出せるダウンスイングか、あるいはレベルスイングで対応しようとするわけです。このように、投手と打者は常に〝いたちごっこ〟を繰り返しており、その時々でトレンドがあるとも言えます。

前提の説明が終わったので、吉田選手に話を戻します。まず、MLBの投手が投げる直球の速度は、日本の投手のそれよりも平均で五キロ速いというデータがあります。MLBには一五五キロや一六〇キロの直球を投げる投手が山ほどいるのです。吉田選手は、まずはそこに目を慣れさせる必要がありました。逆の言い方をすると、快音が聞かれなかった四月十九日以前は、速球に慣れていなかった。だから結果が出なかったのではないでしょうか。

二つ目のグリップエンドの位置を下げたというのが、僕たち「トクサンTV」が考えた変化の一つです。速いボール、それも胸元を突く速球に対応する場合、高い位置にグリップエンドがあるとバットは遠回りしてしまいます。最短でバットを出すには、グリップエンドを下げる必要があるのです。

吉田選手は、MLBの速球に目が慣れ、それに加えてバットを最短で出せるように、構える際にグリップエンドの位置を下げた。その結果として、ファンが待ち望んだ本来の吉田選手が戻ってきた、というのが僕たちの分析です。しかし、ほんの数週間でそのアジャスト（調整）をしてしまう吉田選手。やはり侍ジャパンの主軸は格が違います。

つまるところは強靭な肉体

野球好きの子どもや大人から、よく吉田選手に関する質問を投げかけられることがあります。その多くは「なぜ吉田選手は身体が大きくないのにホームランを打てるの？」という質問です。身長一七三センチと野球選手にしては小さい吉田選手が特大アーチを放つのは、とりわけ子どもたちにとっては大きな憧れであると同時に、不思議なのでしょう。

吉田選手が長打を打てる理由はいくつかあります。まず最大の理由は、その〝太さと分厚さ〟です。吉田選手の場合、身長ばかりに注目が集まり〝小柄〟といわれますが、実際に会ってみると身体の各部位が太く分厚いことに驚かされます。腕や胸板、腹囲、お尻、太腿《ふともも》、ふくらはぎ……。そのどれを取っても太く分厚いのです。したがって、吉田選手は決して小柄ではない、というのが僕の考え方です。身長が高くないだけで、身体のどこを取っても長距離砲の体格をしているのです。

吉田選手が長打を打てるもう一つの理由は、打席で構えたときの力感のなさです。筋肉には収縮と弛緩《しかん》の二つの動きがあります。収縮とは、力こぶを作るときのようにギュッと力を入れた状態のことです。もう一方の弛緩とは、言葉のとおり〝緩める〟こと。つまり、筋肉に力が入っておらず、リラックスしている状態のことです。

実は筋肉のパフォーマンスを最大限に発揮するためには、収縮よりも弛緩が大事だということが科学的に証明されています。例として、打撃の話をしましょう。ボールを遠くに飛ばすためには力が必要です。では、ガチガチに力を入れて構えていれば、筋肉の力が最大限に打球に伝わるかといえばそんなことはありません。むしろ、構えの時点ではリラックスをしておいて、いざというときに瞬発力でスイングする。このときに、人間の筋肉のパフォーマンスは最大値になるのです。

吉田選手が打席に立っている姿をぜひ見てみてください。おそらく最低限の力が入っているのは足首よりも下とバットを持つ腕くらいでしょう。僕には筋肉ではなく、骨で立っているように見えます。足元と腕以外にはまったく力が入っていないように見えるのです。そのくらいリラックスした状態から、太く分厚い筋肉が最大限のパフォーマンスを発揮する。だから、吉田選手の打球は遠くに飛んでいくわけです。

特に子どもたちに伝えたいのは、強靭な肉体の必要性です。一定のレベルよりも上で野球をやるならば、強い肉体は絶対に必要です。ホームランを打つにしても、ヒットを打つにしても、速いスイングスピードで強くボールに当てることが基本だからです。そんなスイングのためには、やはり強い肉体が必要となります。どれだけスポーツ科学が発達したとしても、肉体抜きに野球はできません。当たり前のことですが、人はともするとそんな当たり前のことすら忘れてしまうので、子どもたちにはしっかりと体づくりから始めてもらいたいと思います。

イチローさんはかつて「動物は筋トレしない」と過度な筋力トレーニングを否定していましたが、本人の初動負荷トレーニングは、ものすごい重さの負荷をかけたものだったようです。これからは、あくまで肉体という基本には忠実に、スポーツ科学などの最先端の知見をより積極的に日本の野球界に取り入れていくべきだと僕は考えています。

村上宗隆――若き三冠王を追い込む責任感と誇り

僕の母校である創価大学の硬式野球部には、代々の部員が大切にしてきた指針があります。「心で勝て 次に技で勝て 故に 練習は実戦 実戦は練習」という指針です。大学の卒業から二〇二四年の三月で一六年が経《た》ちました。草野球ではありますが、僕はいまも一人のプレーヤーとして野球にかかわり続けています。プロ野球で言えばもはやベテランの域に達し、年齢を重ねれば重ねるほどに、大学時代の指針の意味を実感できるようになってきました。

なかでも、最近特に感じているのは、野球において「誇り」や「自尊心」は諸刃《もろは》の剣だということです。ひたむきに練習に打ち込み、誰にも負けない努力を重ねたからこそ、人は誇りや自尊心を持てる。そして、それらは良いパフォーマンスの要因にもなる。しかし、心の持ち方しだいでは誇りや自尊心によって、良い結果が出せないこともあるのです。

二〇二三年三月に開催されたWBC（ワールド・ベースボール・クラシック）では、日本の若き主砲・村上宗隆《むらかみむねたか》選手が大不振に悩みました。日本プロ野球において二〇二二年シーズンに史上最年少の三冠王を達成し、侍ジャパンの四番に抜擢《ばってき》された村上選手。大会が開幕した頃に栗山英樹《くりやまひでき》監督のその采配に異論を唱える人は誰もいませんでした。ところが、蓋《ふた》を開けてみると三冠王の無双ぶりが嘘《うそ》のように不発の連続。一次ラウンドは四試合一四打席でたったの二安打。打率はまさかの一割台で本塁打はゼロでした。

準々決勝以降は五番打者として起用され、準決勝ではサヨナラ安打を、決勝では本塁打を放つなどの大活躍を見せてくれたものの、一次ラウンドのプレーはまさに精彩を欠く内容でした。あのとき、村上選手にいったい何が起きていたのでしょうか。

顔を上げて頑張れ

日本が一次ラウンドのすべての試合を終えた翌日、村上選手は自身の Instagram のアカウントに一本の動画を投稿しました。映っていたのは、左脇腹痛でＷＢＣ出場を辞退した鈴木誠也《すずきせいや》選手。ＢＧＭには村上選手の応援歌が流れており、鈴木選手は村上選手が空振りをする様子を誇張を加えて面白おかしくモノマネします。そして、最後にひとこと「顔を上げて頑張れ」とのエールを村上選手に送ったのです。この動画は野球ファンのあいだで瞬《また》く間に話題となりました。いまも村上選手のアカウントで公開されています。

注目したいのは「顔を上げて頑張れ」との鈴木選手の言葉です。野球中継を見ていた方は覚えていると思いますが、結果が出ていないときの村上選手は、心の内のいろいろな感情が表情に出ていました。俯《うつむ》く状況も多かったように思います。四番としての気負いや、結果が出ないことへの焦《あせ》りや苛立《いらだ》ち。凡退するたびに、責任感の強さから自身を追い込んでしまい、それが悪循環につながっているようにも見えました。おそらく、三冠王としての誇りや四番打者としての自尊心が、弱冠二十三歳の主砲を追い込んだのでしょう。

これはあくまで結果論ですが、良い成績を残すことができた決勝トーナメントでは、先述のとおり村上選手は四番を外れ五番打者として出場していました。余計な気負いを捨てて、本来の能力を発揮してもらいたい。監督はそんな思いから打順を変更したのではないでしょうか。

日本屈指の強打者であったとしても、心の持ち方しだいでは誇りや自尊心に振り回されてしまう。二〇二三年のWBCでは、一野球人としてとても重要なことを改めて学ばせてもらいました。

監督から言われた「お疲れさん」

野球のレベルも、舞台の規模もまったく異なりますが、実は僕も同じような経験をしたことがあります。それは大学四年の春の出来事でした。

野球部の主将に抜擢されて初めて臨んだ春季リーグ。創価大学は他の五大学とともに東京新大学野球連盟に所属しており、リーグ戦は一～二試合ずつの総当たり戦が四月から五月にかけて行われます。新主将の僕は、村上選手なんて比較にならないくらい気負いまくっていました。

キャプテンなんだから、自分がチームを引っ張らなければならない。キャプテンなんだから、もっとちゃんとしなくては……。いま振り返ってみると、そんなことで頭がいっぱいでガチガチに緊張していたのだと思います。リーグ戦での僕のプレーは攻守ともに散々で、レギュラーとして試合に出るようになってから最も悪い個人成績を残してしまいました。

それでも、他のチームメートらの奮闘によって創価大は全勝で完全優勝を達成します。あれは確か埼玉県営大宮球場だったと思います。リーグ戦の最終試合を無事に勝利で終えて、ベンチで表彰式の準備が整うのを待っているときのことでした。岸雅司《きしまさし》監督（当時）がすれ違いざまに僕の肩をポンっと叩《たた》き「お疲れさん」と声をかけてくれたのです。

これには驚きました。岸監督は普段、口数が少なく、お調子者の僕は監督から褒められたり、そんなふうに声をかけられたりといったことを一度も経験したことがなかったのです。主将になって優勝したから声をかけてもらえたのかな……とも考えましたが、どうも腑《ふ》に落ちません。なぜならそのリーグ戦で僕はまったく勝ちに貢献できなかったからです。むしろ、自分が主将になったことに浮かれて、チームの足を引っ張ってしまったくらいです。監督の「お疲れさん」にはどんな意味が込められているのだろう……と気が気でなく、その後の表彰式のことはあまりはっきりと覚えていません。

〝恥〟が最も良くない状態

　結論から言えば、監督の言葉の意味はいまだにわかりません。もしかすると、本人はそんな些細《ささい》なことをもう忘れてしまっているかもしれない。ただ、当時の僕がどう解釈したかはなんとなく覚えています。自分が活躍しなくたって優勝できるだけのチームなのだから、もう気負う必要なんてない。これまでどおりのプレーをすればいいし、チームメートたちが伸び伸びとプレーできる環境づくりをしよう。それが自分に与えられた役割だ。そんなふうに考えて、主将の役目を全うしたのです。

　エラーをしたり、まったく打てなかったりしたときに、恥を感じることがあります。個人的には、この〝恥〟が最も良くない精神状態だと思っています。野球をやる以上は誰だってエラーするし、三振もする。そのつもりで普段から心構えをしておく。誇りや自尊心はその心構えを邪魔してしまう可能性があるように思います。だから、注意が必要なのです。

　野球が団体競技である以上、余計な誇りや自尊心はチームのマイナスになりかねません。自分が守備でのエラーや打撃でのミスを犯したとき、自分で取り返すことができるケースは決して多くはないからです。ほとんどの場合はチームメートが取り返してくれるのです。だからこそ、余計な誇りや自尊心は横に置いておいて、決して恥じ入ることなく、互いに声をかけ合いながら顔を上げてプレーすることが大切なのです。

佐々木朗希——その未来を見つめて

　二〇二二年四月十日、プロ野球では間違いなく後世に語り継がれる大偉業が成し遂げられました。千葉ロッテマリーンズ・佐々木《ささき》朗希《ろうき》投手の完全試合の達成です。

　完全試合とは、相手チームの打者を一度も塁に出さないで勝利するという投手の大記録。一本も安打・本塁打を許さないという点ではノーヒット・ノーランと同じですが、完全試合の場合は、四死球や野手の失策による出塁も認められません。二七人の打者に対してぴったり二七個のアウトを奪うという、まさに〝完全〟なピッチングなのです。

　記録達成時の佐々木投手は二十歳五カ月（二〇〇一年十一月三日生まれ）。史上最年少での大記録となりました。佐々木投手の前に完全試合が記録されたのは遡《さかのぼ》ること二八年前、「ミスター・パーフェクト」との異名で知られる元読売ジャイアンツの槙原寛己《まきはらひろみ》さんが一九九四年五月に達成したときです。ちなみに、日本のプロ野球で完全試合を記録したのは、佐々木投手で一六人目となります。

史上最年少で成し遂げた大偉業

佐々木投手の最大の武器は、身長一九〇センチの長い手足から繰り出される最速一六四キロのストレートです。もちろん僕は打席に立ったことはありませんが、動画で見ているだけでもとんでもない直球であることがわかります。背が高く腕が長い分、打者からするとかなり角度がある軌道に見えるはずです。ベース付近にワンバウンドすると思った球が、膝元でグンと伸びてきてストライクになる。そんなストレートだと思います。低めに制球しつつ、ほどよく〝荒れる〟ところも、あのスピードの速球となると大きな武器になっています。

あとは一五〇キロに迫る超高速フォークです。速球とのコンビネーションには、いまのところプロの打者でもそう簡単には対応できていません。福岡ソフトバンクホークスの柳田悠岐《やなぎたゆうき》選手に、二〇二一年の試合で佐々木投手から打ったホームランについて話を聞いてみると「まぐれでしょ、あんなの」と言っていました。ストレートについては「めちゃくちゃ速い」とも。超一流の選手らしい謙遜もあるとは思いますが、日本球界屈指の打者である柳田選手にそう言わせてしまうのが、弱冠二十歳の佐々木投手なのです。

どこからどう見ても「すごい」の一言に尽きる佐々木投手ですが、完全試合については、達成した時点の彼の年齢に注目してみたいと思います。先述のとおり、この完全試合は史上最年少での達成でした。野球選手である以上、身体能力が必要であることは言うまでもありません。しかし、とりわけ投手に関してよく言われるのは「高度なレベルの野球になるほど、首から上が大切になる」ということです。つまり、身体能力のみならず、頭も使える投手こそが高いレベルでも活躍できるのです。

頭を使うには、野球について徹底的に学ばなければなりませんし、そのためには何よりも経験が大切になります。したがって、体と頭のバランスという意味で、プロ野球の投手で最も〝脂《あぶら》〟が乗ってくるのは、二十代半ばから三十歳前後にかけてだと言えます。そう考えると、佐々木投手はまだまだ伸び代がある。逆の言い方をすると、まだまだ経験が浅いうちに大偉業を達成してしまったわけです。

そうなると、佐々木投手の「首から上」の能力、すなわち配球やバッターに対する観察力、力の入れどころや抜きどころに磨きがかかり、体と頭のバランスが最高潮に達したときに、もはや日本のプロ野球という土俵は狭くなるのではないか。ひいては世界に伍《ご》する大投手になる。そう感じさせるところに、一野球ファンから見た佐々木投手の最大の魅力があるように思います。

首脳陣が見据えるさらなる活躍

実は、僕は大学時代に完全試合を経験したことがあります。あれは確か大学三年時の秋に行われた関東地区大学野球選手権大会の準決勝でした。試合会場は横浜スタジアムで、対戦相手は白鷗《はくおう》大学。僕たち創価大学の先発投手は、後に北海道日本ハムファイターズに入団して新人王を獲得する八木智哉《やぎともや》さんでした。五回か六回だったと思います。セカンドを守っていた僕は、八木さんの横を抜けるボテボテのゴロにチャージをかけ、ランニングスローで打者走者をアウトにしました。すると、攻守交代のときにショートの高口隆行《たかぐちたかゆき》さん(現・創価大学野球部コーチ)から声をかけられます。

「徳田、スコアボード見てみ」

「はい。全部ゼロですね」

「フォアボールもないの知ってるか？　気をつけろよ」

高口さんにそう言われて、僕はようやく完全試合が進行していることに気がつきました。もしも気付いていたら、ランニングスローなんて大胆なプレーはできなかったはずです。最終的に野手陣も失策をすることなく、八木さんは完全試合を達成。大学とプロ野球とでは話は異なりますが、貴重な経験となりました。

そのときの経験から言えるのは、完全試合はもちろん投手の記録ではあるものの、バックにいる野手たちの守備があって初めて成し遂げられるということです。佐々木投手が達成した試合では、九回にサードとショートに内野ゴロが飛びました。きっと、すべての野手が「俺のところにだけは飛んでくるな」と思っていたはずです。それでも、きちんとゴロをさばいたＡ・エチェバリア選手と藤岡裕大《ふじおかゆうだい》選手は、さすがプロ野球選手です。

似たような観点からもう一つ言えるのは、相手チームの戦い方についてです。完全試合やノーヒット・ノーランは、選手も観客も試合の中盤を過ぎたあたりから意識し始めるものです。もしも、相手チームが完全試合だけは避けたいという思いを優先するのであれば、セーフティーバントを試みたり、カットで粘って四球を狙ったり、ホームベース寄りのギリギリのところに立って死球を誘ったりと、いろいろと講じられる策はあります。

しかし、オリックス・バファローズ打線は最後の最後まで佐々木投手に真正面からぶつかっていきました。これについては「無策だ」「セーフティーなんてやりたくてもできる空気じゃない」とさまざまな見方はあるものの、僕はオリックス・ナインのスポーツマンシップの表れだと思っています。相手を引きずり下ろして勝つのではなく、相手を乗り越えて勝つ――。オリックス・ナインの姿勢からは、そんな真のスポーツマンシップが感じられました。

完全試合を達成した翌週、中六日で先発登板した佐々木投手は、対戦相手の日ハム打線を八回まで完全に抑え込んでいました。球場内はもちろん、テレビの前も含めた野球ファンの誰もが、二試合連続の完全試合を目撃するかもしれないという興奮に包まれていました。しかし、九回のマウンドに上がったのは、佐々木投手ではありませんでした。八回での〝完全降板〟にはファンのあいだで賛否が分かれましたが、野球関係者からは概《おおむ》ね賢明な判断だったという評価が寄せられています。

降板の理由は極めてシンプルで、一試合の目安である一〇〇球を八回終了時点で超えていたから。二試合連続の可能性よりも、佐々木投手が故障してしまわないことを首脳陣は選択したのです。思えば、佐々木投手は高校三年時にも、将来を見据えたうえで甲子園の出場がかかった県大会の決勝に登板せず、そのときにも大船渡高校の國《こく》保《ぼ》陽《よう》平《へい》監督には賛否両論の声が寄せられました。選手生命を第一に考えて無理はさせない。そんないまの野球界の常識を体現し、何かと話題になってきた〝新時代〟のスター選手が佐々木投手なのです。

佐々木投手のこの偉業は、高校時代の國保監督の英断も一つの要因となっているはずです。同様に、本人の将来を優先したロッテ首脳陣の決断が、二度目の完全試合や、メジャーでの完全試合といったさらなる偉業につながることを、一野球ファンとして心から願っています。

田中正義──「苦闘の六年」の解釈

二〇二三年四月末から五月初旬にかけて、プロ野球ファンにとって待望の瞬間が立て続けに訪れました。北海道日本ハムファイターズの田中正義《たなかせいぎ》投手が四月二十六日に初セーブを、五月七日に初勝利を挙げたのです。プロ七年目にして、投手としてようやく成績らしい成績を残すことができ、多くのファンが安堵《あんど》したことだと思います。

田中投手が福岡ソフトバンクホークスに入団したのは二〇一七年。前年のドラフト会議では、五球団が一位指名で競合するという注目度ナンバーワンの候補者でした。最大の武器は一五〇キロを超えるストレートです。大学三年時に大学日本代表の一員として出場したNPB選抜との試合で七者連続奪三振を記録し、一気にプロ注目選手となりました。そして、文字どおりの〝鳴り物入り〟でプロ入りを果たします。

ところが、プロ入り後はケガと不振との戦いでした。本人としては一年一年が勝負だったと思いますが、結果は鳴かず飛ばず。ポテンシャルの高さは誰もが認める選手でしたので、良い成績が残せなかったり、リハビリ組に入ったりするたびに、多くのファンは残念がっていました。

そんな田中選手に転機が訪れたのは二〇二三年の一月です。ＦＡ権を行使してソフトバンクに移籍した近藤健介《こんどうけんすけ》選手の人的補償として、日ハムが田中投手を指名したのです。移籍当初は先発を志望していた田中投手でしたが、三月に新庄剛志《しんじょうつよし》監督からリリーフか抑えでの起用を言い渡されたようです。そして、三月三十日にリリーフで移籍後初登板を果たし、冒頭に述べた初セーブ・初勝利を達成したのです。

力感のない投球フォーム

ケガと不振が六年も続いても、球団関係者やファンの田中投手への期待は弱まることがありませんでした。田中投手の何が皆をそこまで惹《ひ》きつけるのか。それは紛れもなく、彼の最大の武器である直球です。とはいえ、プロ野球選手ともなれば、一五〇キロを超える直球を投げる投手は珍しくありません。田中投手の直球は他の投手らと何が違うのでしょうか。

田中投手がソフトバンク時代のこと。球団関係者やチームメートに取材をすると、皆が口を揃《そろ》えてこんなことを言いました。「あんなに力を込めず投げて一五〇キロを投げられるピッチャーを見たことがない」――と。この言葉に田中投手の直球を理解するヒントがあります。

多くの投手は全力投球をして初めて一五〇キロを超える直球を投げられます。しかし、田中投手はそこまで力を込めずに投げても一五〇キロを超えます。彼の投球フォームを見たことがある人はすぐにこの説明に納得できるはずです。ここで重要なのは〝力を込めていないように見える〟という点です。

バッターは、投手がリリースした瞬間から打撃を始めるわけではありません。投手が投球モーションに入ったときから打ち始めています。すると田中投手の場合、バッター目線に立ってみると、投球フォームではゆったりして見えるのに、リリースされたボールは一五〇キロを超える、という現象が起きます。この力感のなさが生み出す感覚のズレが、田中投手の直球の大きな特徴なのです。

では、どうして力感なく剛速球を投げられるのでしょうか。これは、スポーツ科学の専門家である國學院大學の神事《じんじ》努《つとむ》准教授から聞いた話です。右投手の場合、投球の際に左足を前に踏み出します。この左足が地面に着地したときに地面反力が起き、その力をうまくボールに伝えられるか否《いな》かが投球フォームの良し悪しなのだそうです。おそらく田中投手はこの地面反力を最大限に生かすフォームで投げられているのだと思います。だからこそ、あそこまで力感なく剛速球が投げられるのではないでしょうか。

ボールの下を通過するバット

田中投手が直球で空振りを取ったときの動画を見てみると、ほとんどの場合、バットはボールの下側を通過しています。投手の直球を評価するときにしばしば「伸びのある直球」という言葉を使います。「伸び」というのは、その言葉のとおり、打者の手元で球がグンと伸びるように感じるためにそう言われます。

ただし、実際に球がグンと伸びることはありません。どんな直球も、空気抵抗と重力によって捕手のミットに入る頃には、スピードは落ちて沈み込んでいます。つまり「伸び」とは、スピードの減速とボールの沈み込みが限りなく少ない直球のことを言うのです。

田中投手の直球の軌道を見る限り、そこに伸びがあることは疑いの余地がありません。おそらく打者はボールがホップしているように見えているはずです。「伸び」や「ホップ」の要因はボールの回転数の多さと回転の奇麗《きれい》さです。きちんと調べたことはありませんが、田中投手の直球は回転数が多く、かつ回転が奇麗なはずです。似たような投手だと〝火の玉ストレート〟の異名で知られた藤川球児《ふじかわきゅうじ》さんが思い浮かびます。

打者の視点から見ればこんな感じです。ゆったりとしたフォームなので一四〇キロくらいの速球が来ると思っていたら、実際に来た球は一五〇キロ。しかも、回転数が多く、回転が奇麗なために、手元でホップするように見える……。バットがボールの下側で空を切る理由が、おわかりいただけたでしょうか。

六年間の苦労をどう捉えるか

田中投手が苦しんできたケガというのは、右肩の違和感や張りです。高校時代からあった症状のようで、プロ入り前にもそれを不安視する声はありました。おそらく、もともと肩が弱く、多くの球数を投げたりして酷使すると疲れが出やすいのでしょう。

ならば、もっと早い時期からリリーフや抑えで起用すれば良かったと思うかもしれませんが、田中投手がいた頃のソフトバンクにはその枠に空きがありませんでした。

また、本人も首脳陣もあくまで先発での活躍を望んでいたのでしょう。あれだけの大器ですから、一年間先発ローテーションを守ったときの活躍ぶりに期待を寄せたくなる気持ちはよくわかります。

そう考えると、田中投手は日ハムに移籍して、ようやく自分が活躍できるポジションを見いだせたとも言えるはずです。そして、これから大切になるのは一セーブ・一勝という成績にたどり着くまでにかかった六年間という歳月を、どう解釈していくかだと思います。

単に遠回りの六年としてしまうのか、いまの自分をつくるための必然の六年だったと捉えるのか。個人的には、後者として受け止めて、ここからリリーフや抑え投手として大活躍してもらいたいと考えています。そうなれば、プロ野球の指導者たちに「この手の投手はこういう起用で化ける可能性がある」という新たな引き出しを提供できる気もします。

田中投手は二〇二三年七月で三十九歳になりました。五年後や一〇年後に少年少女野球の指導者らが子どもたちにこんなふうに語っていることを、一野球人として切に願っています。「日本球界を代表するあの田中も、二十代の頃は本当に苦労したんだぞ」――と。

門脇誠――守備の極意に迫る

二〇二三年シーズンから二四年シーズンにかけて、読売ジャイアンツでは〝一〇年に一度〟の一大イベントが起きるかもしれません。それはルーキー・門脇誠《かどわきまこと》選手の台頭による正遊撃手の交代です。

二〇二二年のドラフト四位で創価大学から巨人に入団した門脇選手は一年目から一軍に定着し、二〇二三年は三塁手や遊撃手として一二六試合に出場。シーズン後半は、坂本勇人《さかもとはやと》選手に代わって遊撃手のレギュラーとなり、遊撃手として出場した六五試合では、なんと無失策を記録しました。門脇選手の堅実な守備については、レジェンド・宮本慎也《みやもとしんや》さんも絶賛しており、スポーツ紙などのメディアからも注目を集めています。

巨人の正遊撃手の交代は、野球界における一大イベントと言っても過言ではありません。一九八五年に生まれて小学校三年生からソフトボールを始めた僕にとって、最初に知った巨人の遊撃手は川相昌弘《かわいまさひろ》さんでした。野球好きなら知らない人はいないでしょう。通算五三三本という犠打の世界記録を持つ〝バントの神様〟です。川相さんは八九年から九八年までレギュラーを務めました。

翌九九年から遊撃手を担《にな》ったのは二岡智宏《におかともひろ》・現巨人ヘッド兼打撃チーフコーチです。近畿大学から巨人にドラフト二位で入団した二岡さんは、ルーキーイヤーからレギュラーに定着しました。打者としては、一年目から一八本塁打を放ったり、一シーズンで二本のサヨナラ本塁打を記録するなど勝負強さを発揮したりと、つなぎ役のイメージが強かった川相さんとは異なるタイプでした。そんな二岡さんは、九九年から二〇〇七年まで巨人の遊撃手を務めました。

門脇選手が注目される理由

翌〇八年に二岡さんの後を継いだのが坂本選手です。坂本選手については、もはや説明の必要はないでしょう。

〝プロ野球史上最高最強の遊撃手〟とも称される坂本選手は、〇八年から一〇年以上もの長きにわたって巨人の正遊撃手を務めてきました。そんな坂本選手ですが、今年で三十五歳という年齢もあり、この数年はケガで戦線を離脱することが増えてきました。二二年は八三試合の出場にとどまり、その穴を埋めたのは吉川尚輝《よしかわなおき》選手や若手の中山礼都《なかやまらいと》選手です。そして、二〇二三年になってそのレギュラー争いにルーキーの門脇選手が名乗りを上げてきたのです。

今後、誰が巨人の遊撃手を担うかはまだわかりませんが、二〇二三年シーズンの終盤を見る限りは門脇選手が遊撃手として出場し、坂本選手が三塁を守るという形が定着しそうな気がしています。

思えば、川相さんも二岡さんも、後代にショートを譲ったあとは三塁を守っていました。言わずもがな、内野手のなかでは遊撃手と二塁手が他の守備位置よりも守備範囲が広いため、年を重ねたり、ケガが増えたりすると、なかなかシーズンを通して守り切るのが難しくなります。宮本さんも、選手生活の終盤は三塁手として試合に出場していました。

遊撃手は内野守備の要《かなめ》です。だからこそ、チームとしてはコロコロと選手を代えたくはない。川相さん以前の巨人の遊撃手も、基本的には一〇年前後のあいだ正遊撃手の地位を守ってきました。坂本選手の年齢やケガの状況を見るに、もはや正遊撃手交代の時期に来ていることは間違いないはずです。そんな〝一〇年に一度〟の一大イベントだからこそ、門脇選手には多くの注目が集まるのでしょう。

隙をなくして堅実に守る

では、門脇選手のプレーヤーとしての魅力はなんでしょうか。まずは先にも述べたとおり、宮本さんも絶賛した守備です。二〇二三年九月に行われたある試合で解説を務めた宮本さんは、門脇選手の内野ゴロの処理を見て「いいですね。門脇は丁寧にプレーする。こういう選手はどんどんうまくなる」と褒めたうえで、次のように語りました。

「今のも片手で捕る選手が多いが、門脇は体を持っていって、右手を添えてプレーする。彼は守備では一年目からできると思っていたが、チャンスをもらいながら良い経験ができている。シングルが悪いワケではないんですが」

「丁寧な守備」と聞いて、手前みそにはなってしまうのですが、僕はあることを思い出しました。それは、門脇選手と僕の母校である創価大学の守備です。ひとことで言えば、創大野球部の守備は、徹底的に隙をなくし、堅実に守ることを追求しています。

僕が現役生だった頃、創大野球部では練習や試合の守備の際にいつも「全部準備だぞ」という掛け声が飛び交っていました。例えば試合で内野を守るとします。ランナーの有無やアウトの数、点差、ボールカウントなどを常に頭に入れて、あらゆる打球に備える。あるいは、そうした想定をして練習をする。その「準備」が隙をなくし、堅実な守備を実現するのです。

つい先日、嬉《うれ》しい報道がありました。それは「スポーツ報知」が報じた記事で、門脇選手の堅実な守備の極意に迫ったものでした。その記事のなかで、門脇選手は一軍でそつなく守備をこなせている理由について、次のように語っていたのです。「一番は捕るほうと投げるほうの予測、準備ができているから」と。まさに僕が大学時代に教わったのと同じ意識を持ってプロ野球で活躍しているのです。もちろん、門脇選手はプロ入り後にメキメキと成長しているはずですが、根っこにある創大野球部の意識がプロ野球でも通用しているのかもしれないと思うと、一人のＯＢとしてこれほど嬉しいことはありません。

ただし、先の記事を読み進めて、同じ創大野球部の意識といえども、今の門脇選手のそれと僕のそれとではまったく比べ物にならないことがわかりました。

例えば送球に関して。門脇選手は、その日の自身のコンディションや一塁を誰が守るのかによって、送球を変えているというのです。巨人の一塁を守るのは、岡本和真《おかもとかずま》選手や中田翔《なかたしょう》選手（二〇二三年当時）、若手では秋広優人《あきひろゆうと》選手などです。言われてみれば、背格好が違う三人で投げる目標を変えるというのは理に適《かな》っているように思います。

あるいはその日の自身のコンディションの面では、送球の伸びなどによって一塁手の右肩や左肩、顔、頭の上など投げる目標を変えるそうです。その意識の高さにはただただ驚きました。

門脇選手の強みは守備だけではありません。そもそも打撃を買われてプロ入りしたとの見方もありますし、足も十分に速い。個人的には、将来は打率三割・本塁打三〇本・盗塁三〇個の〝トリプルスリー〟を狙えるのではないかと期待しています。

創大野球部OBのプロ野球選手らは、毎年一月に母校のグラウンドで新年最初の自主トレを始めます。何年か前から僕も参加させてもらっているのですが、二〇二三年はプロ入り直前の門脇選手にお会いすることができました。「二、三年はしっかり力をつけて、一軍に上がれるように頑張ります」と言っていた彼が、まさかこんなに早くに一軍で活躍するとは思ってもみませんでした。とにかく今後が楽しみです。

星野伸之――時空を歪めた〝遅球派〟の大投手

プロ野球ファンであれば、おそらく多くの人が知っている松井秀喜《まついひでき》さんに関するエピソードがあります。子どもの頃の松井さんは右打ちでしたが、ボールをあまりに遠くに飛ばすため、一緒に野球をしていたお兄さんや友人らからハンディキャップとして左打ちを勧められます。それが日米の野球界で活躍した松井さんの左打ちの始まりとなったのです。

今回は、少しマニアックな話に聞こえるかもしれませんが、野球における左利《ひだりき》き、すなわち「左投げ」と「左打ち」について取り上げてみようと思います。

野球では、左打者は左投手が苦手――という通説があります。野球の経験がある人にとってはすぐに理解できる話だと思いますが、野球経験がない人のためにその理由を簡単に説明しておきます。

まず、左打者対左投手の組み合わせが他と比べて少なく、打者の経験が圧倒的に足りない点にあると思います。この不慣れな感覚が最初の苦手意識につながっているのではないか、僕はそう考えています。

さらに言うと、左打者にとって左投手の球筋はとても見づらく、そのために苦手な人が多い傾向もあります。右投手と左投手ではリリースポイントの位置が異なり、左投手のほうが一塁寄りになります。すると、左打者の目線では背中側からホームベースに球が入ってくるように見えるわけです。

リリースポイントの位置について言えば、同じ左投手でもオーバースローとスリークォーター、サイドスローで違ってきます。サイドスローが最も一塁寄りになりますので、左打者にとって最も球筋が見えづらいのはサイドスローの左投手ということになります。左打者の僕もこれまでの野球人生で何度かサイドスローの左投手と対戦したことがありますが、球の出どころが見づらく苦戦した記憶があります。

ここまで説明すれば、すでに読者の方々は逆の話もおわかりだと思います。左打者にとって最も球筋が見やすいのはサイドスローの右投手であり、右打者にとって最も球筋が見づらいのもサイドスローの右投手だということです。試合が中盤から終盤に差し掛かり、先発のサイドスローの右投手がピンチを招いてしまう。しかも、次の打者は主軸の左打者……。そんな場面で左投手がリリーフで登板するといった光景がプロ野球の試合ではまま見られます。

左打者からしたら左投手の球筋の見づらさについては、またしても松井秀喜さんの有名なエピソードがあります。それは松井さんがプロ一年目のオープン戦での出来事でした。打席に立った松井さんに相対したのは、プロ二年目のヤクルトスワローズ・石井《いしい》一久《かずひさ》投手でした。

石井さんと言えば、のちにメジャーリーグでも活躍するなど、日本球界を代表する左投手です。そんな石井さんと超高校級の大型ルーキーとして巨人に入団した一年目の松井さんの初対戦。石井さんは初球と二球目をストレートで攻め、三球目に投じた曲がりの大きなカーブがど真ん中に決まりました。

注目すべきは松井さんのその球の見逃し方です。石井投手が球をリリースした瞬間、まるで死球をよけるかのように体がのけぞっているのです。これについて、松井さんは後にあるＹｏｕＴｕｂｅの番組で「冗談じゃなくホントまっすぐに見えた」と語っています。このエピソードは、ルーキーの松井さんがプロの変化球のキレを思い知った話として知られていますが、その背景には前提として左打者からした左投手の球筋の見づらさがあるように思います。

いまの僕は左打ちなのですが、高校二年生までは右打ちでした。とはいえ、僕の場合は松井さんとはまったくタイプが違い、長打よりも単打を狙う打者です。右打ちのときも、野手の間を抜くような打撃を心掛けており、加えて足が速かったので、高校時代の監督から左打ちを提案されたのです。左打者のほうが一塁までの距離が多少短くなるので、監督としては足を生かして内野安打を狙えるという算段だったのでしょう。

実は、昨今のプロ野球では「右の大砲不足」ということが言われているようです。確かに、かつてのプロ野球に比べると、右の長距離打者が減っているような気もします。その理由はいくつか考えられます。一つは、プロ野球では圧倒的に右投手が多いため、先述のように左打者が有利であること。もう一つは、それこそ松井さんや大谷《おおたに》翔平《しょうへい》選手のような左打者に憧れて、小中学生や高校生の時期に左打ちに転向する人が増えている可能性です。今後、右打者と左打者のバランスがどうなっていくか、一〇年単位で観察していると面白いことになるかもしれません。

〝遅球派〟でも速球を投げられる

僕の頭のなかには、実現しなかった幻の左打者と左投手の対決があります。それはイチローさんと元オリックスの星野《ほしの》伸之《のぶゆき》投手（現・解説者）との対戦です。イチローさんについてはもはや説明は不要でしょう。一方の星野さんは一二〇キロ台の直球に八〇～一〇〇キロのスローカーブという、速球派ならぬ〝遅球派〟の投手として一九八〇年代の後半から二〇〇二年まで活躍された方です。通算勝利数は一七六勝、最多勝のタイトルこそ獲得していないものの一一年連続で二桁勝利を達成するというとてつもない記録を残しています。

ここで僕が好きな星野さんの二つの逸話を紹介したいと思います。一つは、一九九〇年のある試合で起きた出来事です。右打者に対して星野さんが投じたスローカーブがすっぽ抜けて、左打者が打席に立っていれば頭部付近に当たるようなボール球になりました。すると、インコースに構えようとしていた捕手の中嶋《なかじま》聡《さとし》選手（現・オリックス・バファローズ監督）は、思わずミットをつけていない右手で星野さんの投じたボールを捕球。さらには、痛がる素振りなど見せずに星野さんに返球しました。それほどに星野さんのスローカーブが遅かったのです。

もう一つの逸話は、清原和博《きよはらかずひろ》さんや中村紀洋《なかむらのりひろ》さん、タフィ・ローズさんなど、同時代のパ・リーグの名だたる強打者たちが、星野さんのストレートを「速かった」と証言したというエピソードです。〝遅球派〟の投手の球が「速かった」とはどういうことでしょうか。

それはストレートと変化球の緩急の話になります。先述のとおり、星野さんのストレートは一二〇キロ台です。そこに例えば八〇キロ台のスローカーブが来たとします。するとその速度差は約四〇キロです。試しに大谷選手で比較してみましょう。大谷選手のストレートは平均で一五〇キロ台後半です。一方で最も遅い球種のカーブは一二〇キロ前後。大谷選手の場合も約四〇キロの速度差となります。つまり、緩急だけの話をすれば星野さんと大谷選手に大きな差はないのです。

投手の球の速さというのは常に相対的なものなので、七〇キロ台や八〇キロ台の変化球を織り交ぜられると、一二〇キロ台のストレートでも〝速く〟感じるわけです。

ピッチャーズプレートからホームベースまでの距離はどの球場も一八・四四メートル

であることを考えると、星野さんはストレートこそ速くはないものの、緩急を駆使することで時空を歪《ゆが》めていたと言えるかもしれません。

では、どうしてイチローさんと星野さんの対戦が実現しなかったのか。その答えはとてもシンプルです。メジャーに挑戦する前のイチローさんと星野さんは同じオリックスのチームメートだったのです。稀代《きたい》の〝遅球派〟と、世界一のヒットメーカーが対戦していたとしたら、どんな面白いことが起きていたか――。野球ファンとしては想像するだけでもワクワクするはずです。

たとえ剛速球を投げられなくても、自分の持ち味を最大限に発揮すればプロ野球の世界で大活躍できる。星野さんという左の大投手からは、そんなことが学べると思います。

第2章 若き野球人への提案

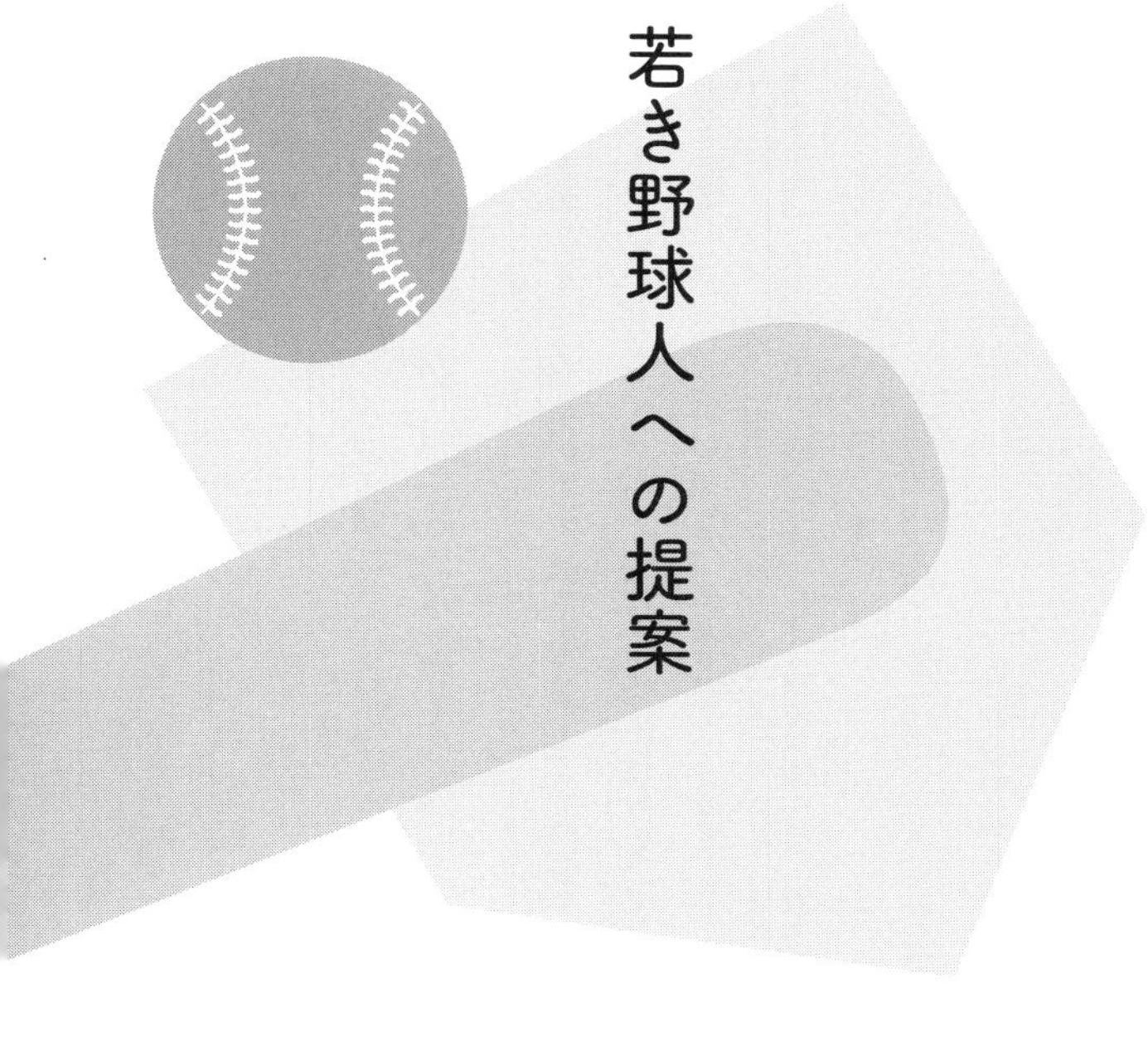

皆がエースで四番を目指す必要はない

近年、日本でも「多様性」という言葉への関心が高まっています。自身の価値観を大切にするのと同じように、他者の価値観も大切にする。多様性は、社会や組織をよりよくするために極めて重要です。

それは野球というチームスポーツでも例外ではありません。野球には、九つの打順と九つのポジションがあり、それぞれに役割と責任があります。さらに言えば、投手には先発の他に中継ぎや抑えという役割があり、野手にはレギュラー以外に代打や代走、守備固めといった役割もあります。試合に勝つためには、それぞれの選手が自身の役割と責任をしっかりと全うすることが大切です。

「役割」という言葉は、選手視点では「個性」という言葉に置き換えられます。例えば、足が速い選手は一番打者に、ホームランをたくさん打てる選手は四番打者に起用されやすいからです。選手にとっては、自身の個性を知り、いかに伸ばすか。指導者にとっては、選手の個性をいかに伸ばし、相応《ふさわ》しい役割を与えるか。強いチームを作るためには、その両方が欠かせません。

かく言う僕の個性は、足の速さや送りバント（犠打）などの小技、あとは打席で相手バッテリーとの〝間〟の駆け引きができるといった〝小賢《こざか》しさ〟だと自覚しています。昔から決してホームランを量産できる打者ではありませんでしたが、創価大学時代には二年生から試合に出場し、リーグで盗塁王を獲得したり、全日本大学選手権で犠打記録をつくったりすることができました。

帝京高校時代はレギュラーでもなかった僕が、大学でそのような活躍ができたのは、自分の個性に気がつき、「与えられた役割と責任を果たすためには、それを最大限に生かすしかない」と思えるようになったからです。

野球における個性を考えるときに、最近の僕が注目しているのはリリーフ（継投＝別の投手が引き継いで登板すること）投手です。

特に今シーズン（二〇二一年）は平良《たいら》海馬《かいま》投手（埼玉西武ライオンズ）がプロ野球の連続無失点記録を更新したり、ルーキーの栗林《くりばやし》良吏《りょうじ》投手（広島東洋カープ）が開幕から二二試合連続無失点という新人記録を樹立したりと、リリーフ投手の活躍が目立っています。

リリーフ投手のうち、僕が特に注目しているのは中継ぎ投手です。なぜなら勝利の記録がつきやすい先発投手や、同じリリーフでもセーブの記録がつく抑え投手とは異なって、光が当たりにくいものの、チームへの貢献度はかなり高いからです。

そもそも、ひとことで中継ぎ投手と言っても、その役割はさらに細かく分類できます。先発投手の乱調やハプニングによって登板する「ロングリリーフ」や、ここぞという場面で一人の打者を抑えるために登板する「ワンポイント」。さらには、リードを保ち抑え投手につなぐ「セットアッパー」や、序盤・中盤で試合を決するほどの大差をつけられたときに登板する「敗戦処理」があります。

先発とは違って、短いイニングを投げる中継ぎ投手には体力が必要ないと思われがちですが、とりわけワンポイントやセットアッパーは、基本的には毎試合肩をつくらなければなりません。体力が必要ないのではなく、中五日や中六日で登板する先発投手とは種類の異なる体力が必要なのです。

ただし、プロ野球ともなればさすがにそんなことはありませんが、アマチュア野球では先発投手や抑え投手ほどに中継ぎ投手の専門性は認識されていません。というのも、大半のアマチュアのチームでは、皆が〝エース〟としての先発投手を目指し、その座を勝ち取れない二番手、三番手が中継ぎ投手として登板しているのです。実際に、いまプロ野球で活躍している中継ぎ投手も、そのほとんどはプロ入り後に個性を見いだされて現在の役割を担っているのです。

二〇一八年に訪米した際に、アメリカの高校球児たちと会話をする機会がありました。彼らによると、アメリカでは高校生の時点で、長いイニングだと持てる力を発揮できない投手は、中継ぎ投手として育成する習慣があるというのです。

日本のアマチュア野球界とは異なるその合理的な考え方には驚きました。と同時に、日本でも高校くらいの早い段階から皆が〝エース〟を目指す方針ではなく、選手の個性を生かして専門性を追究する方針を取れば、野球界全体のレベルアップにつながるはずだと思いました。そして、精神論として多様性を謳《うた》うのではなく、より強いチームをつくるためには多様性を生かす必要があると考えるようになったのです。

個性を生かしたチームづくりを

野球における個性というのは、何も技術的な面だけの話ではありません。僕が普段プレーしている「天晴《あっぱれ》」という草野球チームには、三十歳を過ぎてから野球を始めた人がいます。もともとは十二歳離れた弟の付き添いで来ていたので、皆からは〝にいちゃん〟と呼ばれている彼は、最初の頃はキャッチボールすらまともにできませんでした。

手前みそではありますが、「天晴」は決してレベルの低いチームではありません。過去には草野球の全国大会で優勝したこともあり、入団にはそれなりのレベルが求められます。では、どうして〝にいちゃん〟は「天晴」に入団できたのか。その答えは彼の個性にあります。

一つはその声。にいちゃんは観客席にいたときもベンチに入ってからも、いつも一生懸命に声を出してくれるのですが、彼が声を出すとチームの士気が上がるのです。もう一つは、チームに対する献身的な姿勢です。にいちゃんは大きな車に乗っており、弟の付き添いで来ているときから、チームの野球道具を自発的に運搬してくれていました。そんな〝にいちゃん〟の姿勢がきっかけとなり、「天晴」は選手以外のサポートメンバーを採るようになりました。

そして最後に、技術的には決して上手ではないながらも、野球をこよなく愛する心です。入団から三年余り。いまも決して上手とは言えないものの、その心があるからこそ、着実に上達しています。

創価大学野球部には「心で勝て 次に技で勝て 故に 練習は実戦 実戦は練習」という創立者からいただいた指針があります。「天晴」はあくまで週末にやる草野球のチームとはいえ、僕自身は一野球人として常に〝心〟を大切にするチームでありたいと思っているのです。

個性について考えるとき、それぞれの選手が忘れてはならないことがあります。それは、自分本位の個性ではかえってチームに迷惑がかかるということです。冒頭でも少し触れたように、ポジションや打順には役割とともに責任があります。

これは野球に限った話ではありませんが、自分勝手に好きなことだけをやっているようでは、所属する社会や組織のためになりませんし、長期的に見れば自分のためにもなりません。僕自身は個性の意味をはき違えないよう、常日頃から〝チームあっての個性〟ということを肝《きも》に銘《めい》じています。

他方、選手の個性を伸ばすという面では、指導者の役割が極めて重要になります。例えばボールを遠くに飛ばすことができなくとも、間違いなく進塁打（一塁・二塁走者を進塁させるための右方向へのゴロ）が打てたり、犠打ができたり、ボール球を見極められたりできれば、十分にチームの戦力になります。どんな選手であっても、個性に合わせた能力の引き出し方が必ずあるはずです。

そのときに大切なのは言葉です。指導者の基準に合わせたチームづくりをするのではなく、選手の個性を生かしてチームをつくる。そのためには、誰に対しても同じ言葉ではなく、個々の選手に合わせた誠実な言葉が必要なのです。

もうヤジはやめませんか

数年前に「トクサンＴＶ」で野球界に根強いヤジ問題を取り上げたことがあります。一野球人として、野球を愛するすべての方々に向けて「もうヤジはやめませんか」と提案してみたのです。すると、普段の動画よりも反響が大きく、コメント欄には多くの賛成の声と、少しの反対の声が寄せられました。

野球の試合では、ときに両軍のベンチから相手チームの選手にヤジが飛びます。プロ野球や社会人野球、大学野球、高校野球といった観客が入る試合の場合は、客席からヤジが飛ぶこともあります。今回は、前者の選手同士のヤジについて僕なりの考えを述べようと思います。

野球以外の競技でまったくヤジがないかというと、決してそんなことはないでしょう。ただし、野球の場合は他の競技以上にヤジが飛び交う頻度が高いような気がしています。競技の性質について考えてみると、野球の試合には〝静〟の状態があることが、ヤジの要因になっているのかもしれません。サッカーやラグビーなどの球技では基本的には試合に出場している選手がゲーム中にベンチに下がることはありません。しかし、野球の場合は出場している選手でも攻撃中に打順が回ってこないときはベンチに下がっています。

ベンチにいるときには選手間で守備などについての確認を行ったり、相手投手の投球を見るなど自分が打席に立つ際の準備をしたりするのですが、とりわけアマチュア野球の場合は、味方の打者を応援するなど声を出して試合に参加するというのが一般的です。

このときの声にはいくつかの種類があります。一つは味方を鼓舞するための声。もう一つは攻撃に必要な情報を確認する声。そしてもう一つがヤジです。

例えば、リードを許している試合の終盤、カウントがツーボール・ノーストライクの際に味方の打者に対して「なんとかして塁に出ようぜ」というのは鼓舞する声ですが、相手投手に「ピッチャー、ビビってるんじゃねぇの？」というのはヤジだと僕は考えています。

人によっては、その程度の言葉はヤジではないと考える人がいるかもしれません。確かに、相手選手を誹謗中傷《ひぼうちゅうしょう》するような酷《ひど》いヤジの場合は審判から警告を受けたり、退場処分になったりするので、そうしたジャッジが下されない限りはルール内のことといった考え方もあります。

冒頭に、ヤジをなくそうという僕らの提案に対して全員が賛成しているわけではないことを書きました。僕らの提案に反対する人々の言い分と、多少ならヤジではないと考える人々の言い分は、概《おおむ》ね重なっています。つまり、試合をする限りは、勝たなければならない。勝つためには、言葉によって相手にプレッシャーを与えるのも一つの戦術だ――といった言い分です。

正直に言えば、僕も学生の頃はどちらかといえば、そう考えていました。さすがに誹謗中傷はしませんでしたが、ある程度は相手にプレッシャーを与える声が必要だと考えていたのです。しかし、いまではそれすら必要ないのではないか、と思っています。

というのも、相手選手にヤジを飛ばしてプレッシャーを与えるという戦略は、対戦相手に能力を発揮させない〝引き算の戦い方〟です。そうではなくて、相手に一〇〇パーセントの力を発揮してもらい、こちらもそれを上回ろうと全力を尽くす。実力が及ばないのであれば、次の試合までに力をつける。そんな〝足し算の戦い方〟をするほうが自分のためにも相手のためにもなると思うのです。

相手を引きずり下ろして勝つのではなく、相手を乗り越えて勝つ。目の敵《かたき》にするのではなく、同じ野球人としてリスペクトする。奇麗事《きれいごと》と言われればそれまでですが、スポーツマンシップとは本来そういうものだと僕は考えています。

人生を豊かにする野球

アマチュア野球からプロ野球の世界に進むことができるのは、ほんのひと握りの人たちです。つまり、ほとんどの野球人は高校、大学、社会人のどこかで一旦は野球に区切りをつけて、一般社会に出ていかなければなりません。どれだけ野球がうまくても、高校時代に甲子園に出場しても、大学時代に全国大会に出場しても、社会人として働き始める際は他の人々と同じスタートラインに立たなければなりません。

そう考えると、教育上の観点からもヤジを飛ばすことで相手を引きずり下ろすような戦い方はやめたほうが良いはずです。なぜなら、そんなことをしていたら、社会では通用しない人が育ってしまうからです。

社会は野球の試合ほど単純ではなく、とても複雑です。なかなか仕事がうまくいかない野球経験者の多くは、社会の複雑さがイマイチ理解できていないような気がします。野球がうまいからといって、人として偉いわけではない。そんな当たり前のことが自尊心なども相まって受け入れられず、仕事がなかなかうまくいかないとしたら残念なことです。

その意味では、高校野球や大学野球の指導者の役割はとても大切です。「勝つためならなんでもあり」といった勝利至上主義によって平気でヤジを飛ばすような選手には、どうか育てないでもらいたいと思います。対戦相手の一〇〇パーセントの力を乗り越えられるように、ひたすら自身の技を磨く。そんな選手こそが、プロ野球の世界に行っても、社会人となっても活躍するはずです。

二〇二二年の野球界の大きなニュースの一つに、松坂大輔《まつざかだいすけ》さんの引退がありました。「平成の怪物」と称された松坂さんの活躍は、野球ファン以外の方々も知るところでしょう。そんな松坂さんの引退試合が行われたのは二一年十月十九日。打者一人相手に五球を投げて、二三年間のプロ野球生活を締めくくりました。

かつては一五〇キロを超える速球派だった松坂さんも晩年はケガに苦しみ、最終試合での最速の直球は一一八キロ。一軍のマウンドは二〇一九年七月以来、八一五日ぶりでした。

とても投げられる状態ではなかったものの、それでも野球を続けることにこだわった松坂さんは、きっと心から野球を愛しているのだと思います。たとえ身体がボロボロになったとしても、可能な限り大好きな野球を続ける。そこには勝利のみを追求する野球とはまったく次元が異なる、人生を豊かにする野球があると僕は見ています。

レベルは全然違いますが、我々草野球人も、年々体力が衰えながらも仕事が休みの週末に大好きな野球をしています。その点、松坂さんの最後の勇姿は僕たち草野球人の鑑《かがみ》だったと思います。

ときどき、河川敷《かせんじき》でシニア世代の人たちが野球の試合をしている場面に遭遇します。シニア世代なので、若い人たちとは違って明らかに身体が動いていないものの、皆さんとても楽しそうにプレーをしています。そんな先輩たちに比べれば、まだまだ僕は身体を動かせるほうですが、それでもやはり三十五歳を過ぎたあたりからは、年々身体が動かなくなるのを実感しています。

しかしその分、もっとうまくなりたいという気持ちは、どんどん強くなっています。

少なくとも、若い頃よりはずっとその気持ちが強くなっているように思います。そして、昨日までできなかったことが新たにできるようになったときの喜びも、若い頃よりは大きくなっています。対戦相手の能力に目を向けてヤジを飛ばすよりも、自身の成長に目を向けたほうが野球は断然面白い。これは野球以外でも同じことが言えるのではないでしょうか。

河川敷で野球をする大先輩たちの姿は、僕たち草野球人としての最終到達点です。僕が彼らの世代になる三〇年後には、野球界からヤジがなくなっていることを心から願っています。

休養もトレーニングの一つ

プロ野球では、二月といえば春季キャンプの季節です。選手にとっては三月末のシーズン開幕に向けて、およそ半年間続く公式戦を戦い抜く準備をしたり、課題を克服したり、あるいは自分の能力を首脳陣にアピールしたりするのが春季キャンプの主な目的です。他方、野球ファンにとっては、毎年二月のキャンプインとともに増えるプロ野球関連の報道を見て、いよいよシーズンの開幕が待ち遠しくなっているのではないでしょうか。二月末にはオープン戦が始まり、今年（二〇二二年）はセ・パ両リーグが三月二十五日に開幕する予定です。

プロ野球のキャンプというと、あまり野球に詳しくない方はこの春季キャンプが頭に浮かぶはずです。しかし、プロ野球には秋季キャンプというものもあります。各球団の秋季キャンプは、日本シリーズを含めたすべての試合が終わったあとに始まり、十一月下旬までの二〜三週間の期間で行われます。この秋季キャンプは主に若手の育成が目的とされているため、ベテラン選手や一軍の主力選手は基本的には参加しません。しかし、若くして一軍のレギュラーを獲得した選手などは、ケガをしていない限りは半ば強制的に参加させられることもあるようです。

これはあくまで個人的な意見ですが、僕はこの秋季キャンプはできればなくしたほうが良いと考えています。理由はいたってシンプルです。長いシーズンを終えたあとに最も優先すべきは休養だと考えるからです。

秋季キャンプってホントに必要？

僕はプロ野球の世界を経験していませんが、これまでに多くのプロ野球選手にインタビューをする機会がありました。そのなかで、少なくない選手の方々に秋季キャンプについての質問をぶつけています。それは「秋季キャンプって必要だと思いますか」というものです。

僕がインタビューした限りだと、すべての選手が「できればなくしてほしい」と答えました。理由としては「シーズンを終えたあとには、まずは休みたい」というのが大半でした。

ここまでを読むと、最近の若い選手は練習に熱心ではないと思われるかもしれませんが、決してそんなことはありません。多くの元プロ野球選手が折々に語っているように、昔の選手よりもいまの選手のほうが練習量は圧倒的に増えています。いまの選手は昔の選手よりも真面目で、おそらく大半の人は放っておいても自主トレでかなりの量の練習をこなすはずです。にもかかわらず、若手育成のための秋季キャンプを行う。僕はここに、マネジメントする側の昭和的な考え方と、令和を生きる若手選手の考え方の違いが表れているように感じています。

そもそも秋季キャンプというのは、昔からずっとあったわけではありません。いまも古くからの野球ファンのあいだで語り草となっている伝説のキャンプがあります。それは読売ジャイアンツが一九七九年の秋に行ったもので、その過酷さから野球ファンのあいだでは「地獄の伊東《いとう》キャンプ」との通称で知られています。リーグ五位という結果を受けて、長嶋茂雄《ながしましげお》監督が江川卓《えがわすぐる》投手や中畑清《なかはたきよし》選手など、若手の選手を集めて徹底的にしごき上げたのです。少なくとも、この当時は秋季キャンプを行う球団は巨人の他になかったようです。また、この「地獄の伊東キャンプ」が端緒となって、プロ野球界に秋季キャンプが定着したという説もあるくらいです。

球団側が放っておくと選手が練習しないのであれば、僕も秋季キャンプを行うことに賛成します。しかし、先述のとおりいまの選手は球団が放っておいても自主トレをするくらいに真面目です。ならば、いっそのこと秋口の過ごし方は個々の選手の判断に委《ゆだ》ねたほうが良いのではないか。僕はそう考えます。

何より心配なのは、秋季キャンプをやることで休養が十分に取れず、オーバーワークになってケガをしてしまうことです。「できればなくしてほしい」「本当は休みたい」と内心で思いながらやる練習ともなれば、ケガのリスクはなおさら高まります。「地獄の伊東キャンプ」が端緒となって始まったとされる若手育成のための秋季キャンプ。もしも、それが〝古き良き慣習〟という理由だけでいまも残っているのであれば、もはや時代に合わないのではないでしょうか。

しこたま練習してしこたま休養する

亜細亜《あじあ》大学野球部の練習はとにかく厳しい――。野球好きの方々は、一度は耳にしたことがあるはずです。亜大といえば、井端弘和《いばたひろかず》さんや赤星憲広《あかほしのりひろ》さん、松田宣浩《まつだのぶひろ》さん、山崎康晃《やまざきやすあき》投手など、超一流の野球選手を輩出してきた東都大学野球連盟の名門です。そんな亜大の練習もまた、ときに〝地獄〟と形容されるほどに厳しいそうです。

実は先日、僕の母校である創価大学の堀内尊法《ほりうちたかのり》監督（二〇二二年当時）の紹介で、亜大の生田勉《いくたつとむ》監督（二〇二二年当時）にお会いする機会がありました。せっかくの機会なのでいろいろとお話をうかがっていると、生田監督が亜大の練習についてこんな話をしてくれたのです。「よく亜大の練習はきついといわれるけど、特に最近はきつい練習をしたあとには、しっかりと休養を取らせるようにしています」と。

亜大の練習についての噂《うわさ》話《ばなし》を聞いているときには「なぜそこまで厳しい練習をしているのに、あれほどに強いチームづくりができて、優秀な選手を輩出できるのだろう……」と不思議に思っていました。なぜなら、厳しいだけでは強いチームはできませんし、選手は育たないからです。なので、生田監督の話を聞いたときには目から鱗《うろこ》が落ちるような思いでした。やはり、強いチームはただ厳しいだけの練習をしているわけではなく、練習と同じくらい休養を大切にしているのだと腑《ふ》に落ちたのです。

今年（二〇二二年）の箱根駅伝で二年ぶり六度目の総合優勝を果たした青山学院大学の原晋《はらすすむ》監督が、とあるテレビ番組で興味深い話をしていました。青学陸上競技部では、練習のあいまに仮眠を取るようにしているというのです。

例えば大学の授業がない日だと、朝六時から二時間程度の練習をしたあとに朝食を取って仮眠。そして、午前十一時から二時間程度の練習をしたあとに昼食を取って再び仮眠。こんな感じで一日に二度の仮眠を取るそうです。

原監督は、睡眠も一つのトレーニングと考えているようで、番組のなかでは「仮眠を取ることで練習が身になる」「トレーニングによって傷ついた体をリカバリーするときに最も効果的なのが睡眠」といった主旨の話をされていました。

睡眠の重要性については大谷翔平《おおたにしょうへい》選手も同じような考え方を持っているようです。過去のインタビューをひもとくと、大谷選手は特にシーズン中はしっかりと睡眠を取ることを意識していると話しています。大谷選手に限らず、一流の選手というのは練習による技術の向上や肉体の鍛錬と同じくらいに、休養や睡眠、練習後のケアを大切にしています。

休養や睡眠はトップアスリートに限らず、中高生や小学生の球児たちにとっても大切です。特に成長期は睡眠が必要ですし、中高生になるとケガで野球を続けることを断念する人も出てくるからです。その点、指導者の方には休養の重要性を理解していただきたいと思います。しこたま練習させるのであれば、同様にしこたま休養させる。いまでは選手の休養のことまでを考えられる指導者が、名指導者といわれる時代になっています。どうか、無限の可能性を持った子どもたちにケガで野球の道を諦めさせるようなことはしないでください。

子どもたちへの影響を考えると、やはりプロ野球選手が積極的に休養を取ることが大切です。その意味でも、秋季キャンプを実施しない球団が出てくることを一野球ファンとして切に願っています。

イップス――その正体と対処法

「イップス」という言葉をご存じでしょうか。一般的には、野球などのスポーツで、特定の状況下に限って体が思うように動かなくなる現象――を指す言葉として用いられています。

野球において最も有名なのは送球イップスです。キャッチボールは問題のない内野手や、ピッチングは普通にできる投手が、例えば守備の際に一塁への送球が思うようにできなくなるといった現象です。酷い場合には、一塁手に向かって投げているつもりが目の前の地面にボールを叩きつけてしまったり、明後日の方向に大暴投してしまったりする人もいます。単にコントロールが悪いという技術的な問題ではなく、プロ野球選手のような練達の人であっても、特定の状況下に限ってそんな現象に見舞われてしまうのです。

これまで多くのアスリートがその現象に悩まされ、酷い場合には選手生命を絶たれた人もいることから、メディアでは〝奇病〟と称されたりもします。ただし、イップスは決して医学における病名ではなく、その定義もいまだに明確にはなっていないようです。原因も解明されていないため、対処の方法も確立されているわけではありません。今回は、まだまだいろいろなことがわかっていないイップスについて、僕自身の体験や野球にかかわる人々から聞いた話などを紹介したいと思います。

実は、僕も大学時代に軽度のイップスに見舞われたことがあります。それは大学二年の頃、ちょうど試合に出始めた時期のことでした。ある試合でのこと。僕は無死一塁の状況で二塁手として守備についていました。打者が打ったのは三塁ゴロ。五・四・三のダブルプレーを狙う場面です。三塁手が捕球し、二塁手の僕に送球。ボールを受けた僕は、すぐさま一塁手に転送しようとしました。

ところが、気がついたときには、僕はグラウンド上に仰向けに倒れていました。ボールは右手に持ったままです。何が起きたかというと、二塁ベースに滑り込んできた一塁走者と衝突し、送球できないままに倒れ込んでしまったのです。当時はまだ、ゲッツー崩れを狙って走者が野手の送球を阻害することがルールで禁止されていなかったのです。

異変はすぐに現れました。試合に限らず、練習のときにもダブルプレーの場面では一塁へ送球できなくなってしまったのです。遊撃手や三塁手からの送球を捕球し、右手に握り変えるところまでは問題ないのですが、振り向きざまに一塁手へ投げようとすると、試合のときの恐怖が蘇《よみがえ》って身体がこわばり、動かなくなるのです。

このままでは、また試合に出られなくなる。レギュラー定着に必死だった僕は、誰に言われるわけでもなく、その状態を克服するための個人的な練習を始めました。常に走者の気配を感じられるよう、二塁ベースの手前にカラーコーンを一八〇センチほどの高さまで積み、ダブルプレーの練習をするようにしたのです。

そうした練習をひたすら繰り返し、試合形式の練習や実際の試合で成功体験を重ねることで、いつしか恐怖はなくなり、ボールが手から離れなかったり、あらぬ方向に投げてしまったりということはなくなったのです。

このように、僕が経験したイップスは、心理的な要因がきっかけとなって現れました。しかし、野球関係者の方々に話を聞くと、どうやら心理的な要因だけがイップスを引き起こすわけではないようです。特に何かがあったわけではないのに、あるときから突然、身体が思うように動かなくなってしまう人がいるというのです。

聞いた話では、心理面でのアプローチによる対処法ではなく、神経面から電気治療による刺激を用いた対処法を研究している人もいるようです。このあたりのことは、さらなる研究が進むことを期待したいと思います。

周囲の優しさにかかっている

イップスは送球のときだけに起こるわけではありません。足の速いランナーが盗塁のスタートを切れなくなったり、打者が初球を振れなくなったりといったこともイップスと呼ばれます。僕が最も驚いたのは、捕手が投手に対して球種やコースなどを指示するサインが出せなくなるというイップスです。ここで打たれてしまったら試合に負けてしまう。そんな局面になると、投手へのサインを出す手の指が固まってしまうというのです。内腿《うちもも》に指をあてがい、無理やりに指を伸ばしてサインを出したことがあるという捕手もいました。

では、イップスに直面した選手はどのように対処しているのでしょうか。ここでは主に心理面から来るイップスについて取り上げたいと思います。

参考になるのは、阪神タイガースの青柳晃洋《あおやぎこうよう》投手です。二〇二〇年のある試合、青柳投手は守備の際の一塁への送球を、ワンバウンドで行いました。それも一試合に何度も。あとから調べてみると、これは青柳投手なりの送球難の対処法だったのです。かねて青柳投手は一塁への送球に不安を持っていました。普通に送球できないのであれば、はじめからワンバウンドで投げればいい。ノーバンだろうがワンバンだろうが、アウトに変わりはない。そう考えて、事前にチーム内でもワンバウンド送球をする旨を共有していたのでしょう。これはとても参考になる対処法だと思います。

僕自身の経験則で言うと、心理面から来るイップスを克服するには、成功体験を積むことや、過度なプレッシャーを感じないことが大切だと思っています。自分を責めたり、追い込んだりしてしまえば、余計に身体が動かなくなるからです。成功体験を積むには、僕のように具体的な想定をして練習を積む方法も一つです。他方、過度なプレッシャーを感じないためには、できないことを誰かに補《おぎな》ってもらえば良いのです。一塁への送球に不安があるのであれば、青柳投手がそうしたように、一塁手にワンバン送球を捕《と》ってもらえば何の問題もないわけです。

実は、僕が所属している草野球チーム「天晴《あっぱれ》」にも、イップスのメンバーがいます。僕たちは、練習などで彼がどれだけ暴投をしたとしても、絶対に指摘したり、茶化《ちゃか》したりはしません。当たり前のようにやり過ごしています。その代わり、うまく投げられたときには、他の選手にするのと同様に「ナイスボール！」と声をかけるのです。

投げられなくて当たり前。うまく投げられたときだけ声をかけてあげれば、本人も過度なプレッシャーを感じることなく、良い気分で成功体験を積み重ねられると思うからです。小学生や中学生の野球チームを取材していても、イップスに理解があるチームは、同じようなスタンスです。

指導者を含めて一番やってはいけないことは、プレッシャーを与えることです。コントロールが悪いという次元ではない送球難がある場合には、まずはイップスの可能性を疑う。そのうえで、「練習が足りないからだ」「できるようになるまでやれ」「次に失敗したら試合では使わない」といった言葉をかけないことが大切です。どのようにすれば成功体験が積めるのかを、親身になって考えてあげてほしいと思います。

イップスの選手に対するまなざしというのは、社会における障がい者の方々へのまなざしに似ている気がします。自分の足では歩けない。耳が聞こえない。目が見えない。そうした人々にプレッシャーを与える社会は決して良い社会とは言えません。できないことは、周囲が補ってあげれば良いのです。心理面から来るイップスに悩む選手がそれを克服できるかどうかは、周囲の優しさにかかっていると言っても過言ではないように思います。

自分以外の選手はすべてが師匠

何かに挑戦しているときに、誰かのひと言でふと気持ちが軽くなったり、目の前の視界がパッと開けたりする。多くの人にそんな経験があるのではないでしょうか。僕は今年（二〇二二年）で三十七歳になりましたが、年齢など関係なく一草野球人として、常に「もっと野球がうまくなりたい」との思いでプレーしています。

昨年（二一年）、「トクサンTV」に元プロ野球選手の宮本慎也《みやもとしんや》さんが出演してくださったときのこと。野球好きであれば知らない人はいない内野守備の名手に、サードの守備について直々に教えていただく機会に恵まれました。当時の僕は試合でエラーが続いており、改めて自身の守備を見直さなければと思っていました。そこで宮本さんに指導をお願いしてみたところ、快諾してくださったのです。

そもそも、大学時代の僕の守備位置はセカンドでした。卒業後に草野球を始めた頃はチーム事情もあってショートを守り、サードを守るようになったのは数年前からです。同じ内野手とはいえ、ポジションによって守り方はまったく異なるため、この数年間は自分なりにサードの守備をいろいろと研究してきました。

宮本さんから指摘を受けたのは〝間《ま》〟についてでした。ノックを受ける僕を見た宮本さんは、ひとこと「前に出る意識は必要ない。サードの守備は待つ姿勢で良い」とおっしゃいました。シンプルなそのアドバイスを受け、まさに目の前の視界がパッと開けたような気がしました。言葉自体はシンプルなのですが、実践してみるとその奥深さがひしひしと伝わってきたのです。

セカンドやショートの場合、サードよりも打者との距離が遠いので、打者走者をアウトにするためにも、バットがボールを捉える前に、投球のコースや球種などを考慮して、一歩目を前に踏み出すことが多くなります。僕は長年セカンドとショートを守ってきたので、サードでも同じことをしていました。

ところが、サードはセカンドやショートよりも打者との距離が近いため、必然的に打球が速くなります。なんでもかんでも一歩目を前に踏み出していると、捕球の体勢をつくる前に打球と衝突してしまったり、送球に移行するための足の運び方が追い付かなかったりと〝間〟がなくなってしまいます。僕は無意識のうちに、そうした状況に陥ってしまっていたのです。

アドバイスのとおりノックを受けていると、宮本さんは続けてこんなふうに言われました。「ショートはボールがバットに当たる前に反応する。サードは当たった後に反応する。サードに来る打球は速いから、それでも十分に間に合う」と。また、別の言葉では「(ボールがバットに当たった後に)素直に打球に反応すればいいんだ」とも言ってくださいました。

とても合理的なアドバイスなので、頭ではすぐに理解できましたが、実際にやってみて感じたのは、思っていたよりも〝待つ〟時間が長く思えるということでした。しかし、僕のプレーを見ていた宮本さんは「それでいい」と。つまり、いかにそれまでの僕が焦ってプレーをしていたかが明らかになったのです。

そう捉え直すと、ボールがバットに当たってから捕球するまでの時間に余裕を感じるようになりました。それこそが宮本さんが言う〝間〟だったのでしょう。前に一歩を踏み出すか、どっしりとその場で待つかの違いだけですが、この些細な行動の違いが心に与える影響の大きさは相当なものでした。

ちなみに、サードの守備に関する宮本さんの準備の優先順位は次のような感じでした。①三遊間と三塁線を抜けていきそうな速い打球に反応できるか、②通常の守備範囲の打球は前に出ずに待つ、③ボテボテのゴロのみ前に出る――です。やはり、日本屈指のプレーヤーの理論は、合理的かつシンプルです。だからこそ、僕の視界はほんのひとことでパッと開けたのでしょう。

うまくなるには弟子の自覚が大切

僕は、子どもの頃から他のプレーヤーに憧れたことがありません。それはプロ野球選手も例外ではなく、他のプレーヤーを見るときの基準は常に「参考になるかどうか」でした。

最近だと、先の宮本さんはもちろん、現役選手では埼玉西武ライオンズの源田壮亮《げんだそうすけ》選手の守備などを参考にしています。いまの僕は左打ちですが、子どもの頃は右打ちでした。当時、最も参考にしたのは読売ジャイアンツの仁志敏久《にしとしひさ》さん（現・横浜ＤｅＮＡベイスターズ二軍監督）です。身長がそこまで大きくなく、右打ちでセカンドを守っていたという共通点があったために、参考にさせてもらったのです。

仁志さんと言えば、一九九〇年代後半から二〇〇〇年代初頭の常勝巨人軍を支えた不動のセカンド。ゴールデングラブ賞を四度受賞した堅実な守備のみならず、自己最多記録として一シーズン二八本塁打（〇四年）や二二盗塁（〇二年）をマークするなど、走攻守の三拍子が揃った超一流選手でした。二遊間や一・二塁間を抜けたと思った打球を、仁志さんが真正面の打球として捕球し、涼《すず》しい顔をしてなんなくアウトにする。そんなシーンが記憶に残っている野球ファンは少なくないはずです。打者のデータやそのときの雰囲気で守備位置を変え、見事に的中させる。そうした〝見えないファインプレー〟を連発するのが仁志さんでした。

僕も大学時代に、そんな仁志さんのプレーを参考にして、セカンドベース寄りに守備位置を取ったことがありました。ある日の試合で、過去のデータをもとに、打者の雰囲気を感じ取って、なんとなく二遊間に打球が飛んでくる気がしたのです。すると案の定、痛烈な打球が飛んできました。普通ならセンター前に抜けている打球を真正面の打球として捕球し、いざファーストへ送球。しかし、僕の送球はショートバウンドとなり、ファーストが後逸……。もう少しでファインプレーになるところが、悪送球のエラーとなってしまいました。

エラーの原因は単純です。セカンドベースの後ろあたりで捕球する想定をしていなかったので、その位置からファーストへの送球を練習していなかったのです。そのエラーを機に、セカンドベースの後ろあたりで捕球から送球までをする練習を重ねたのは良い思い出です。

思えば、これまで参考にしてきた選手たちが、いまの草野球人としての僕を構成する要素になっている。最近はそんなことを感じています。

野球を始めてまもなくの頃は、何も考えずに長打狙いの大振りをして監督に怒られたりしていましたが、本格的に野球に取り組むようになると、おのずと自分の体格や得手不得手を踏まえて、どんなプレーをするべきかを自覚し始めました。なので、子どもの頃の僕は、原辰徳《はらたつのり》さんや吉村禎章《よしむらさだあき》さんではなく篠塚和典《しのづかかずのり》さんや川相昌弘《かわいまさひろ》さんを、松井秀喜《まついひでき》さんではなく仁志敏久さんを参考にするようになったのです。

〝参考にする〟という点では、最近ではもう一つ考えていることがあります。常に「もっと野球がうまくなりたい」と思って挑戦を続けている限りは、自分以外の選手すべてが師匠になり得るということです。自分以外の選手には、宮本慎也さんや仁志敏久さんといった超一流のプレーヤーはもちろん、決して技術的にはうまいとは言えない草野球人も含まれます。

どんな選手にも、得手不得手がある。その人なりの考え方もある。そうした部分に目を向けてみると、学ぶことはたくさんありますし、自分自身の技術の向上にも大いに役立ちます。自分以外の選手すべてが「師匠」ならば、自身はその人たちの弟子になります。さらなる成長のために「師匠」から何を学び取れるかは、あくまで弟子としての自覚しだいなのでしょう。これは野球以外でも言えることだと思っています。

「エースで四番」の終焉——高校野球の変化

今年（二〇二三年）の夏の全国高校野球は、神奈川・慶應《けいおう》義《ぎ》塾《じゅく》高校（以下、慶應）の優勝で幕を下ろしました。

同校の優勝は大正時代に行われた第二回大会（当時は全国中等学校優勝野球大会）以来の一〇七年ぶり。かつては甲子園常連校だった慶應ですが、近年は全国でも有数の激戦区である神奈川県において、桐蔭《とういん》学園高校や東海大相模高校、横浜高校などの強豪校の陰に隠れてしまっていました。

今大会の決勝戦の相手は、ご存じのとおり仙台育英高校。一〇七年ぶりの優勝がかかった古豪と、連覇がかかった東北の雄の戦いは、最近では稀に見る注目の一戦となりました。

もはや〝名前〟と〝パワー〟だけでは甲子園を勝ち抜けない——。これは今大会を見た僕の感想です。まず、今年の夏は各都道府県で行われた地方大会で多くの番狂わせが起きました。不動の強豪・大阪桐蔭高校は大阪大会決勝で履正社《りせいしゃ》高校に敗れ、春のセンバツ覇者・山梨学院高校や甲子園常連の智辯《ちべん》和歌山高校は、それぞれ地方大会の準決勝と初戦で敗退しました。他にも多くの強豪校が地方大会で敗れ去り、そのほとんどが〝ジャイアント・キリング〟だったのです。これが、僕が言う〝名前〟だけでは勝てないという意味です。

もう一方の〝パワー〟だけでは勝てないとは、どういうことでしょうか。これは、具体的にどんなチームが勝ち上がれるのか、という問いと大部分で重なっているように思います。

例外はあるものの、かつての高校野球はプロ野球入りが確実視されるような強打者や剛腕投手がいたり、その両方を兼ねる選手がエースで四番を打って主将まで務めたり、個々の能力がチーム力に大きく反映していました。

作新学院高校時代の江川卓《えがわすぐる》さんや、星稜《せいりょう》高校時代の松井秀喜《まついひでき》さん、横浜高校時代の松坂大輔《まつざかだいすけ》さん、大船渡高校時代の佐々木朗希《ささきろうき》投手など、元号が変わるたびに生まれる歴代の〝怪物〟はその象徴といえます。また、清原和博《きよはらかずひろ》さんと桑田真澄《くわたますみ》さんの「K・Kコンビ」や、「ハンカチ王子」の斎藤佑樹《さいとうゆうき》さんと「マー君」こと田中将大《まなかまさひろ》投手の熱戦など、多くの愛称を生み出してきた背景にも、超高校級の選手を軸にしたチームづくりがあるように思います。

それに対して近年は、エースで四番の主将がチームを引っ張るという高校が昔に比べれば減ってきている傾向があります。前提として、二〇二〇年春に球数制限が導入されたことなどもあり、先発投手に最後まで完投させたり、連投をさせたりといったことが少なくなってきています。ルール上は一週間に五〇〇球以内という規定ですが、一週間ではなく一試合ごとに制限を設けるべきとの意見もあるようです。

高校野球での連投といえば、松坂大輔さんの延長一七回・二五〇球という歴史的な熱投や、田中将大投手と斎藤佑樹さんの決勝引き分け再試合、吉田輝星《よしだこうせい》投手の六試合八八一球という名シーンを思い起こす高校野球ファンが多いかと思いますが、球数制限の議論が起き始めた二〇一八年頃からは、先発完投が減ってきています。

今年の慶應は、見事な継投策で優勝に輝きましたし、決勝で相対した仙台育英の投手陣は〝一五〇キロトリオ〟として話題になりました。もちろん、チームの柱としてのエースはいたとしても、一人に頼るのではなく、チーム力で戦う。慶應と仙台育英に限らず、そうした高校が増えてきているように思います。

常識を打ち破って全国制覇を達成

〝パワー〟というのは投手起用に限りません。今大会では、すべての面において〝賢い野球〟をするチームが勝ち上がった印象でした。具体的なことを言うと、同じ空振りを見ていても、負けるチームは来た球をただ振っているだけなのに対し、勝つチームは根拠を持って振っているのです。別の言い方をすれば、負けるチームは相手投手が苦しんでいるときにボール球に手を出したり、初球から打ちにいって簡単に凡打で終わったりしてしまうのに対し、勝つチームはそうならないように徹底されているのです。

〝賢い野球〟は、試合でのパフォーマンスだけの話ではありません。日々の練習や選手の体づくりなどにおいても、昔とは明らかに異なっています。打者のスイング軌道や投手の球質を可視化できるような装置を使っていたり、十五歳から十八歳という成長期の子どもたちに合わせた栄養補給や練習プログラムを実施したり、僕が高校生だった二〇年ほど前とは、もはや一線を画しています。

この点においても慶應は象徴的でした。長髪ＯＫ、短時間練習、声出し禁止など、これまでのザ・高校野球とも言うべき〝常識〟をことごとく打ち破り、それでいて全国制覇を成し遂げたのです。確かに、よくよく考えてみれば、丸坊主にしたり、声を出したりしても野球がうまくなるわけではありませんし、長時間練習で疲れが溜《た》まれば練習の効率は下がります。

何もすべての高校が慶應の真似《まね》をする必要はありませんが、勝利を追求し、個々の選手の成長を求めるのであれば、これまでの常識を疑い、賢い野球を目指していく必要があるのでしょう。僕と同年代の高校野球の指導者が増えてきたこともあってか、そうした面でも考えさせられる大会でした。

まだまだ足りない甲子園の熱中症対策

野球そのものとは別に、今大会では新たなルールが適用されました。それは熱中症対策としての「クーリングタイム」の導入です。

クーリングタイムは五回終了時に一〇分間設けられ、選手たちはベンチ裏の送風機やアイスベスト、ネッククーラーなどで体を冷やすことができます。かねて猛暑化が進む日本の夏に、酷暑のもとで大会を行うことにはさまざまな意見があり、それに応える形でこの新ルールが導入されたのです。

試しに、僕が甲子園に出場した二〇〇二年と今年の神戸（甲子園球場がある西宮市に近い）の気温を調べてみました。〇二年の夏の甲子園が行われた八月の一四日間のうち、最高気温が三五度を超えたのはたった二日間だけ。一方の今年は同じ一四日間のうち八日間も三五度を超えていました。一四日間の最高気温の平均を出してみると、〇二年は三一・九度だったのが今年は三四・五度です。

数字を見るだけでも、明らかに最近の夏は暑い。その意味では、クーリングタイムの導入は当然のことと言えるはずです。ただし、草野球とはいえいまも屋外で野球を続けている僕の感覚から言うと、高校野球の熱中症対策はまだまだ不十分だと思っています。

例えば、プレー中にクールリングの着用を認めたり、慣習となっている攻守交代の際の全力疾走を取りやめたり、できることはもっとたくさんあるはずです。甲子園だけを見れば、いまのところ熱中症で選手が大事に至ったことはないようですが、指導者や連盟の方々には「だから大丈夫」ではなく、「だからこそ今のうちに」という発想で対応していただきたい。大人は大人で〝賢い高校野球〟の環境づくりに励んでいただきたいと思います。

雇われ野球人かプロフェッショナルか

一六〇キロ近い剛速球や、針の穴を通すような制球力。豪快なホームランに、芸術的とも言える華麗な守備――。そうした深夜のスポーツニュースで取り上げられるような華々しいプレーや熟練の技術こそが、プロ野球の醍醐味《だいごみ》だと思われている人が多いはずです。もちろん、僕もそれに異論はありません。球場に足を運び、目の前でプロ野球選手ならではの素晴らしいプレーを見ると、一野球人として興奮を覚えます。

しかし同時に、これまでプロ野球選手への取材を重ねるなかで、表舞台では見ることができない彼らの〝プロフェッショナル〟な一面を目の当《ま》たり《あ》にする機会も多々ありました。そんな経験を踏まえて、今回はプロ野球選手がプロであるゆえんについて、僕なりの考えをいくつか書いてみようと思います。

野球界における二〇二一年のビッグニュースの一つに、この夏に行われた東京オリンピックでの野球日本代表チームの金メダルがありました。まさにプロ中のプロが集結したのが侍ジャパンです。選手たちの気迫のこもったプレーには、野球ファンのみならず多くの人々が魅了されたはずです。まずは今回の侍ジャパンでも大活躍だった坂本勇人《さかもとはやと》選手（読売ジャイアンツ）の〝プロフェッショナル〟な部分を取り上げます。

シーズン中のとある試合前のことです。坂本選手のノックを見ていると「もう少し強い打球をください」「ボテボテのゴロをお願いします」といった感じで、ノッカーに対して細かな指示を出しています。しばらく様子を見ていると、その指示の意味がわかりました。坂本選手は、ノックを通してゴロのときの球足《たまあし》（打球の速さ）やバウンドの跳ね具合など、球場のグラウンドの状態を丹念に確かめていたのです。

グラウンドの状態とは、つまりこういうことです。プロ野球の球団が本拠地としている球場の内野グラウンドは主に二種類あります。東京ドームやＰａｙＰａｙドームなどの人工芝と、阪神甲子園球場や広島マツダスタジアムなどの土です。もう少し細かいことを言うと、人工芝の場合はただ単に芝が敷いてあるところと、芝を敷いたうえで土に似せた細かなゴムチップを撒《ま》いてあるところがあります。土と人工芝の違いだけでなく、ゴムチップの有無でも打球の質は変わります。

人工芝だけの場合はどちらかと言うと球足が速くなりがちですが、ゴムチップが撒かれていると球足を吸収するので、ほんの少しではありますが、打球の速度が軽減されるのです。なので内野手としては、例えば打者がボールを打った瞬間に一歩目を前に踏み出すのか、あるいは待つのか、その一瞬の判断に影響が出てくるわけです。

速い打球なのに前に一歩踏み出してしまえば、ボールと衝突してしまいますし、逆の場合は一塁への送球が間に合わなくなる。いずれもほんの一瞬の話ではあるものの、その一瞬が勝負を左右するのがプロ野球の世界なのです。

グラウンドの状態は、他にも雨が降っているのかどうかといった天候の影響も受けます。また、同じ球場でも芝の長さや土の具合などは、その時々によって整備の状況が少しずつ違っていたりもします。

さらに言えば、どの球団も本拠地としている球場の他に、同リーグの五球場と、交流戦などで使用する他リーグの六球場、さらには年に何度か使われる地方球場などを含めると、かなり多くの球場のグラウンドの状態に対応しなければなりません。

そうした事情から、球場ごとの細かな違いを身体に覚えさせるために、坂本選手は試合前のノックで入念な確認をしていたのです。ここでは坂本選手を例に挙げましたが、プロ野球でも超一流と言われる選手は、必ずこのくらい細やかな準備をしています。華やかなプレーや熟練の技術と同様に、僕はそこにも〝プロフェッショナル〟を感じるのです。

自分自身を俯瞰《ふかん》する目を持っている

侍ジャパンの取材をしたときのことです。全体の練習を見ていると、コーチやチームメートに打撃や守備について積極的に質問をしている選手がいました。東京ヤクルトスワローズの若き主砲・村上宗隆《むらかみむねたか》選手です。

村上選手といえば、二〇〇〇年生まれの二十一歳（二〇二一年当時）。高卒二年目でレギュラーに定着した二〇一九年は三六本塁打、ヤクルトの四番に定着した翌二〇年には二八本塁打を記録し、今年（二〇二一年）も三四本塁打を放っている（九月十五日時点）強打者です。今回の東京オリンピックでも全五試合に出場し、アメリカとの決勝戦では本塁打を放つなど、大活躍をしました。

二十一歳ながら、すでに日本でも有数の強打者である村上選手。そんな彼が、侍ジャパンの練習でコーチやチームメートに何度も質問しているのです。僕はここに、村上選手の〝プロフェッショナル〟を見た思いがしました。

「トクサンTV」に元ヤクルトの宮本慎也《みやもとしんや》さんが出演してくださったときのこと。宮本さんがこんな話をしてくれました。コーチ時代にいろいろな選手にアドバイスしたけれど、ほとんどの人たちは試しもしない。ただし、超一流の選手は違う。アドバイスをされたら、まずは試してみる。なぜなら、自分のためになるかどうかは、試してみないとわからないから。良ければ取り入れればいいし、ダメならもとに戻せば良い――。

試さない理由は人それぞれなのでしょう。試さずとも自分には合わないと考えたり、自分の考えだけを信じていたり。なかには、プライドが邪魔をしてアドバイスを素直に受け止められない人もいるのかもしれません。しかし、宮本さんが言われるように、自身の成長に貪欲な選手や、チームに献身的な選手は、どんな考えや思いよりも向上心が上回るものです。僕が村上選手に見た〝プロフェッショナル〟は、まさにその向上心です。あれだけの実力を備えていながらも、さらなる上達に余念がない。だから、アドバイスをされなくとも自ら積極的に質問をする。その姿勢こそが、超一流の野球選手なのだと僕は思うのです。

坂本選手の細やかな準備。そして、村上選手のあくなき向上心。これらは野球選手に限らず、すべての分野の〝プロフェッショナル〟に通じるはずです。逆の見方をすると、職業がプロ野球選手だからといって、全員が〝プロフェッショナル〟とは限らないとも言えます。

超一流選手に共通しているのは、自分自身を俯瞰《ふかん》する目を持っているということです。自分は果たしてどんな選手で、強みと弱みは何なのか。あるいは、チームからどんな役割を求められているのか。もっと言えば、企業体である球団にどんな利益をもたらし、ファンにはどんな価値を届けられているのか。プレーに関することだけではなく、一人の人間として社会にどんな価値を生み出せているのかということにまで、意識を持っているように思うのです。

社会に何らかの価値を創造する。その対価として、報酬を手にする。これは社会で仕事をするうえで、基本的な考え方でしょう。僕自身、大学を卒業したての頃は、その基本すらよくわかっていませんでしたが、歳《とし》を重ね、特にＹｏｕＴｕｂｅｒとして仕事をするようになってから、そのことを強く意識するようになりました。これはすごく逆説的な言い方になりますが、超一流の選手は、社会人としての基本をよく理解しているのです。

ドラフトで指名され、子どもの頃から夢だったプロ野球選手になる。それまでには血のにじむ努力があったはずです。しかし、プロ野球選手になったあとに、単なる〝雇われ野球選手〟で終わるのか、それとも〝プロフェッショナル〟になるのか。その違いはきっと、不断の努力を続けられるかどうかで決まるのでしょう。

根尾昂選手のコンバートに思うこと

二〇二二年六月中旬、野球ファンのあいだで衆目が集まる出来事がありました。これまで野手で登録されていた中日ドラゴンズ・根尾《ねお》昂《あきら》選手の投手転向が明らかになったのです。

同年五月二十一日の広島戦でリリーフ登板したこともあり、中日首脳陣が将来的に根尾選手の〝二刀流〟を模索している――との噂《うわさ》は以前からありました。

ただ、中継ぎ投手を温存するために公式戦で野手が登板するというのは、確かに珍しいことですが、過去になかったわけではありません。

いっぽう、根尾選手は高校時代に夏の甲子園で優勝投手となっていますし、中日に入団して野手に専念していたものの今年（二〇二二年）の春季キャンプでブルペン入りをしたり、五月八日の二軍戦で登板したりしていました。当時まだ高卒四年目の根尾選手です。首脳陣としては、今のうちに彼の可能性をいろいろな形で試してみたいのだと思います。

高校時代の根尾選手は、投手兼遊撃手でした。中日に入団してからは、ひとまず遊撃手に専念するものの、今年からは打撃を生かすために外野手へとコンバート（ポジションを変えること）されていました。そして今回の投手転向です。

これについては、さまざまな意見がありますが、それだけ彼が多くのポテンシャルを持っているのだと僕は見ています。少なくとも球団首脳が根尾選手の投手としての能力に可能性を感じていなければこのような判断にはならないでしょう。

そこで今回は、根尾選手についてだけではなく、僕自身も多少の実感を伴って書くことができるコンバートについて取り上げたいと思います。

投手が打撃を買われて外野手に転向する。一番打者が勝負強さを買われてクリーンアップに抜擢《ばってき》される。野球におけるコンバートは、広い意味ではポジションに限らず打順でも見られます。僕にとって最も印象的だったプロ野球におけるコンバートは、二〇〇七年の〝一番・高橋由伸《たかはしよしのぶ》〟でした。それ以前の高橋さんと言えば、一九九八年のルーキーイヤーから読売ジャイアンツの三番を任され、ずっとチームの主軸として活躍してきました。

それが、ケガなどで成績が低迷してしまったことに加え、前年にはチーム事情も好ましくなかったために、原辰徳《はらたつのり》監督が二〇〇七年の開幕戦から高橋さんを先頭打者に抜擢したのです。

一般論として、一番打者の最大の役割は出塁することですので、突き詰めれば打率よりも四死球も含めた出塁率が重要になります。四死球を増やすには、早いカウントから打ちに行くのではなく、なるべくじっくりとボールを見るほうが合理的です。あるいは、出塁したあとには〝足〟で相手バッテリーを掻《か》き乱《みだ》すことも一番打者に求められる能力でしょう。

ところが、高橋さんの打撃スタイルはどちらかと言えば、初球から積極的に打ちに行くタイプです。〝足〟については果敢に盗塁を試みる選手ではありません。一般的な考え方で見れば、決して一番打者タイプとは言えないはずです。

おそらく原監督の狙いとしては高橋さんを一番にコンバートして、チームを勢いづけたいと考えたのでしょう。その狙いは、見事に奏功します。横浜ＤｅＮＡベイスターズとの開幕戦で三浦大輔《みうらだいすけ》投手が投じた初球を本塁打にした高橋さんは、そのまま好調を維持し、途中こそケガのために調子を崩すものの、最終的には打率・本塁打・打点のすべてで前年の成績を大幅に上回りました。本塁打においてはキャリアハイとなる三五本を記録します。

ポジションにおけるコンバートについては、僕にとっては元ヤクルトの宮本慎也《みやもとしんや》さんが最も鮮明に記憶に残っています。宮本さんが遊撃手から三塁手にコンバートされたのは二〇〇八年のシーズン途中。三十七歳のときでした。同じ内野手とは言っても遊撃手と三塁手ではまったく飛んでくる打球の質が異なります。いくら球界を代表する守備の名手であっても、きっと最初はうまくいかない場面もあったはずです。しかも、キャリア終盤でのコンバートです。

ところが、宮本さんは違いました。なんと翌〇九年から一二年まで四年連続で三塁手としてゴールデングラブ賞を受賞されたのです。三十七歳にして新たなポジションについていていながら、その道の頂点を極めてしまう。その裏側には、並々ならぬ努力があったはずです。ちょうど当時の宮本さんと年齢が重なる僕としては、身が引き締まる思いです。

ポジティブに捉えるべき

アマチュア野球でも、中学から高校、高校から大学、大学から社会人と進むごとに、コンバートの機会は減っていきます。草野球を除いて、僕自身の最後のコンバートは大学二年生のときでした。創価大学野球部には内野手として入部したのですが、一年秋のあるときにコーチから突然、「徳田、レフトをやってみろ」と言われたのです。

外野と内野ではゴロもフライも質が違いますし、送球の仕方もまったく異なります。なんとか練習に食らいついて、新人戦には出させてもらいましたが、間違っても褒められた守備ではありませんでした。ただ、試合には出たかったので、ポジティブに捉えて左翼手の練習には全力で取り組みました。

結果的には、二年生のときにもとの二塁手に戻るわけですが、左翼手にコンバートされたときに悲観するのではなく真剣に取り組んだことが、僕の場合は内野の守備にも生きたように思います。内野と外野の守備は常に連動しているからです。

例えば外野の深いところに打球が飛んだ場合、外野手から二塁や三塁、本塁に送球する際には、カットプレー（内野手による中継）が行われます。そのときに、外野手としては内野手がどんなジェスチャーをしてくれていたら送球しやすいのか。あるいは、どの程度の距離まで近づいてくれたら助かるのか。そうしたことを、実感をもって考えられるようになったのです。また、難しい外野フライが飛んだときに、外野手がチャレンジをしてミスしたのか、消極的になってミスをしたのかも、経験があるからこそ理解できます。理解していれば、失策や好守のときの声のかけ方も違ってきます。

トクサンTVのSNSアカウントには、いつも野球少年らから多くのメッセージが寄せられます。そのなかでときどき見かけるのが、コンバートについての相談です。「本当はピッチャーをやりたいのに、監督から外野に行くように言われました。どうすればいいですか」といった質問が来るのです。

すべてのメッセージに返信できているわけではありませんが、僕がいつも子どもたちに言っているのは「自分のポジションにプライドを持つことは大事だけど、ネガティブに受け止めないこと。そこで学べることもきっと多いから、ポジティブに受け止めたほうが自分のためになるよ」ということです。監督やコーチの采配に納得できずに腐ってしまっては、もったいない。納得がいかないコンバートであったとしても、すべてを自分にとって意味のあることに変えていくほうが、絶対に成長につながるに決まっているからです。

そもそも、監督やコーチは適材適所を考えているはずです。コンバートを提案・指示するというのは、その選手の能力を引き出したい、あるいは試合で起用したいと思っている証拠でもあるのです。なので、小中高生だけでなく、大学生に至るまで、若い人々にはコンバートをネガティブに捉えるのではなく、むしろポジティブに捉えてもらいたいと思っています。

コンバートにどう向き合うか。これはきっと、野球以外の事象でも同じことが言えるはずです。会社でいきなりまったく畑違いの部署に異動になったとき、そこでネガティブに受け止めて腐ってしまうか、ポジティブに受け止めて最大限の努力をするか。つまるところは、その人の人間力が試されているのだと思います。

甲子園に棲む〝魔物〟の正体とは

今年（二〇二二年）も夏の甲子園の時期がやってきました。第一〇四回全国高等学校野球選手権大会は、八月六日から二十二日までの日程で開催されます。

夏の甲子園といえば、二つのことを思い出します。一つは中学生の頃にテレビで見た伝説の一試合のこと、もう一つは自分自身が帝京高校の一員として出場したときのことです。今回は、その二つの思い出について書いてみようと思います。

中学生の頃の僕は、地元の東京・大田区にある軟式野球のクラブチームに所属していました。二年生の夏、ちょうど甲子園が開催されている時期に、チームのコーチから ある宿題を出されました。「準々決勝で横浜高校とあたるＰＬ学園の田中一徳《たなかかずのり》選手をよく見ておきなさい」と。僕はコーチに言われたとおりに、自宅のテレビでその試合を観戦しました。

一九九八年、第八〇回大会の横浜とＰＬの準々決勝――。横浜の松坂大輔《まつざかだいすけ》投手が延長一七回・二五〇球を一人で投げ抜いて勝利したという、甲子園の歴史に大文字で刻まれた伝説の一戦です。ただし、その試合で僕が注視していたのは松坂投手の高校生離れした投球でも、ＰＬ・上重聡《かみしげさとし》投手（現・フリーアナウンサー）の粘り強い投球でもなく、高校野球の舞台でもその小柄な体型が目立つ身長一六五センチの田中一徳選手のプレーでした。

当時の田中選手は松坂投手よりも一学年下の高校二年生。強豪・ＰＬで二年時からレギュラーを獲得するだけでもすさまじい実力ですが、田中選手の場合は一番打者を任されるなど、すでにチームの主力として活躍していました。そして、僕がテレビにかじりついて観戦したその試合が、田中選手のその後の野球人生に多大な影響を与えることになります。なんと、田中選手はあの松坂投手から一試合で四安打も放ったのです。

この試合で一躍注目が集まった田中選手は、大会後に開催された第三回ＡＡＡアジア野球選手権大会（現・ＢＦＡ Ｕ－18アジア選手権大会）の日本代表に二年生ながら選出されて、ここでも一番打者として大活躍を見せ、大会ベストナインに輝きます。また、自身が三年時の夏の甲子園でも準決勝まで勝ち進み、その年のドラフト会議で横浜ベイスターズから一位指名を受けてプロ野球界に進みます。

プロでは一年目から一軍の試合に出場したり、三年目には一一二試合の出場を果たしたりと活躍を見せますが、チーム事情もあって二〇〇六年に横浜を退団し、翌〇七年からはアメリカの独立リーグでプレーをします。

〇八年に現役を引退したあとは野球教室のコーチなどを務め、現在も日本経済大学で野球部のコーチとして野球に携わられています（二〇二三年当時）。

中学生の僕がテレビで田中選手の大活躍を見たのは、今から四半世紀ほど前のことになります。決してプロ野球で大活躍を続けられたわけではないものの、僕と同じくらいの世代の野球人や高校野球ファンの記憶には、いまも鮮明に残っている超高校級の選手です。

また、中学生の僕は、一番打者としての器用さや打席での振る舞い方、あるいは走力を生かしたプレースタイルなど、多くの影響を受けました。そんな野球少年は僕だけではなかったと思います。

〝指笛〟には十分に気をつけろ

甲子園に出たい――。それだけの思いで帝京高校に進学した僕が実際に甲子園への出場を果たしたのは、田中選手が松坂投手から四安打を放った第八〇回大会の四年後、二〇〇二年の第八四回大会でした。僕の場合は控え選手でしたが、あの舞台に立てたことはとても貴重な経験だったと思っています。

番狂わせの試合展開になったり、プロ注目のスター選手が力を発揮できなかったりすると、しばしば「甲子園には魔物が棲《す》む」といったことが言われます。この言葉の解釈はさまざまあるはずですが、高校球児として甲子園に出場した当時の僕が実感したのは、「魔物」とはすなわち「観衆」である――ということです。

現在の甲子園球場は、約四万七〇〇〇人の観客を収容できます。高校野球の試合では、さすがにいつも満員になるわけではありませんが、高校生にとっては普段の地方大会などでは考えられない数の観衆の中で試合をすることになります。ワンプレーに対するたった一人の拍手や歓声、ため息であれば、一球に集中している選手の耳に届くことはないでしょう。しかし、それが千単位や万単位の観衆となると、まったくわけが違います。単なる拍手や歓声、ため息の総和は、まさしく〝魔物〟となって選手たちに襲い掛かるのです。

高校球児にとっては、非日常の環境下において、いつもどおりのパフォーマンスをすることは容易ではありません。しかし驚くことに、なかには平常心で臨める選手や、観衆の存在をむしろ力にできる選手が稀にいます。それもまた、甲子園で活躍するための一つの条件なのでしょう。

「甲子園の魔物」について、忘れられないことがあります。それは、帝京高校の前《まえ》田《だ》三夫《みつお》監督（現・名誉監督）が、初戦が始まる前に言った言葉です。実は、僕たち帝京高校は第八四回大会の組み合わせ抽選会で開幕戦のカードを引いていました。相手は沖縄県の強豪・中部商業です。

今年（二〇二二年）は、一九七二年の沖縄の本土復帰から五〇年の佳節ですが、僕が甲子園に出場した二〇〇二年はちょうど本土復帰から三〇年の節目でした。開会式では復帰に関する映像が上映され、ほぼ満員の観衆は帝京の応援団を除いて中部商業の勝利に期待をしているように僕たちには感じられました。

残酷なことに、開幕戦は開会式の直後に行われます。完全に場の空気にのまれた僕たちですが、なんとか自分たちを鼓舞し、試合前の円陣を組みました。するとそこで、前田監督がこんなことを言ったのです。「いつもどおり攻撃的に行くぞ。一つだけ、〝指笛〟には十分に気をつけろ」と。高校生の僕たちは、監督の言う意味がイマイチわかりませんでしたが、試合の終盤にその言葉の意味を嫌というほど実感することになります。

ゲームが始まってみると、意外にも帝京のペースで試合を運ぶことができ、中盤の時点で九対一と八点もの差をつけることができていました。

ところが七回表、中部商業の猛攻に遭い、あっという間に七点を返されてしまって一点差に迫られます。その回の中部商業側の応援スタンドではブラスバンドが「ハイサイおじさん」を演奏し、皆がカチャーシーを踊ってお祭り騒ぎ。そして、球場は観衆が思い思いに吹く〝指笛〟が延々と鳴りやまないのです。

試合開始時点よりも沖縄ムードに満たされた球場にあって、帝京の投手はもはや完全に精彩を欠いていました。まったくストライクが入らないのです。相手打線は、水を得た魚のように生き生きとプレーし、甘く入ったボールをフルスイングしてきます。

気付いたときには七点が入っているという感覚でした。

七回裏に帝京高校がさらに二点を追加できたので、結果的にその試合には勝つことができましたが、あのときの中部商業ナインの勢いと、球場に鳴り響き続けた〝指笛〟を思い出すと、いまでも冷や冷やします。

高校野球ではよく「地方大会と同じ感覚では、甲子園では勝てない」「甲子園には甲子園の勝ち方がある」といったことが言われます。試合前に「〝指笛〟に気をつけろ」と忠告した前田監督は、まさに甲子園での勝ち方を知っていたのでしょう。

甲子園に出場する高校球児らの多くは、これまで経験したことがないような精神状態でプレーをしています。最近は、SNSの普及もあって良くも悪くも人々の声が直接的に選手たちに伝わる可能性があります。テレビで観戦する私たちは、将来がある高校球児らに温かな視線を送っていきたいと思います。

ルール変更で感じた一抹の寂しさ

ボナファイドスライドルール（以下、ボナファイド）という言葉をご存じでしょうか。おそらくほとんどの人が初めて聞く言葉だと思います。ボナファイドとは、ひとことで言えば併殺（ダブルプレー）を崩すための走者による野手へのスライディングを禁止するルールです。併殺崩しのスライディングを行った時点で、走者だけでなく打者走者もアウトとなり、併殺が成立します。

『潮』の読者は常識的な方々ばかりなので「そんなことは当たり前じゃないか」「スライディングはベースに向かってするものだろう」と思われる人が大半かと思います。ところが、このルールが日本のプロ野球で採用されたのは二〇一七年とわりに最近のことなのです。裏を返せば、それ以前は併殺崩しのために野手に向かってスライディングをすることが認められていたのです。

僕も大学時代には当たり前のように併殺崩しのスライディングをしていました。かつてプロ野球でプレーした大学の後輩に話を聞くと、キャンプのときなどにボクシングで使うサンドバッグを野手に見立てて、それに向かってスライディングをする練習をしたそうです。

では、どうしてルールが変更されたのか。それはとてもシンプルで、野手の安全性を考慮してのことでした。もう少し具体的なことを言うと、以前も安全性が蔑《ないがし》ろにされていたわけではないものの、線引きが個々の選手やチームに委ねられていたのです。

スリーアウトでチェンジになる野球において、併殺は致命的です。何度得点のチャンスを作っても、そのたびに併殺となって無得点に終わり、試合に負けてしまう。そんなことは珍しくありません。だからこそ、どの選手も、どのチームも何とか併殺を免《まぬが》れようとします。その一つの方法として、これまでは併殺崩しのスライディングが行われていたのです。

野手に向かってスライディングをするといっても、何も相手をケガさせることが目的ではありません。大半の選手はそれをわきまえています。ところが、ごく稀《まれ》に故意的なラフプレーを行う選手がいます。あるいは、それを指示するチームがあります。もちろん、以前も明らかなラフプレーは守備妨害となっていたわけですが、その基準は審判の裁量に任されていたため、ルール変更によって併殺崩しのスライディングを行った時点で即ダブルプレーが成立する形となったのです。

ルール変更の良かった点は、何より野手の安全性が確保されたことです。これは疑いの余地がないことだと思います。他方、一野球人として残念なのは厳格なルールがなければラフプレーをしてしまう選手やチームがいるという事実です。ラフプレーは、個人の負の感情や、相手チームが行ったラフプレーに対する報復が動機であることがほとんどです。それらは決してスポーツマンシップに則ったプレーとは言えません。「ルールがないのだから何をやってもいい」と考える選手やチームがいるならば、それはとても残念なことです。

日本のプロ野球における同じようなルール変更に、二〇一六年のコリジョンルール（以下、コリジョン）の採用がありました。「コリジョン」とは「衝突」を意味する英語。本塁での衝突プレーを原則禁止とするルールで、捕手が走路を妨げる（ブロックする）ことや、走路をブロックしていない捕手や野手に走者が衝突しにいくことを禁じています。

確かに、選手の安全性は最優先に考えるべきです。故意にラフプレーをする選手やチームが存在する限りは、明確にルール化してそれを防ぐことが必要でしょう。ただ、もしも皆がスポーツマンシップに則ったプレーを心がけることができたならば、ボナファイドやコリジョンといったルールは必要なかったはずです。

野球ファンにとって、クロスプレー（野手や捕手と走者が接近するプレー）はエキサイトする場面の一つです。ルール変更によって楽しめる要素が一切なくなったわけではありませんが、野手による併殺崩しのスライディングを避けての一塁への送球や、走者によるブロックする捕手をかいくぐっての生還などの〝妙技〟は見られなくなったわけです。ルール変更自体に異議を申し立てるつもりはないものの、一野球人として少し寂しい気がするというのが僕の本音です。

世間に開かれた野球界を目指して

かねて思い続けてきたことがあります。それは、健全なスポーツマンシップを育むためには「世間から乖離した野球界」から「世間に開かれた野球界」にならないといけない、ということです。野球のルールには、プレーに関するものだけでなく、道具に関する規定があります。例えば、アマチュア野球のなかでも教育的側面が強い高校野球では、二〇二〇年の春にそれまで禁止されていたある道具の使用が認められました。その道具とは白いスパイクです。

実は、それ以前の高校野球では黒いスパイク以外は認められていませんでした。その理由は不明瞭で、野球関係者のあいだでよく言われていたのは「昔から黒だったから」ということでした。ではどうして二〇年に白スパイクが解禁されたのか。主な理由は熱中症対策です。調べてみると、真夏の炎天下では黒スパイクの表面温度は七〇度に達することがあり、一方の白スパイクは高くても五〇度程度という情報がありました。二〇度も差があるのです。

よくもこれまで確たる理由なく黒スパイクに限定していたな……と思いつつも、白スパイクの解禁によって高校球児らの安全性が確保され、パフォーマンスが向上するのはとても好ましいことでした。しかし、スパイクに関しては世間一般の感覚に照らしてどうしても納得できないことがあります。それは、いまだに白と黒のスパイクしか認められていないということです。野球用具の使用制限に関する書面を確認しても、白と黒以外が認められていない理由は特に明記されていません。ただ、グローブなどの色に関する規定で複数の色の使用や目立つ色の使用が禁じられていることを考えると、同じような理由であることが想像できます。そして、その根底には「高校生らしく」といった大人の側が良しとする倫理観のようなものが透けて見える気がするのです。

この話題になったときにいつも考えるのは、高校サッカーや高校ラグビーなどの他競技の選手がカラフルなスパイクを履いていることです。仮に白と黒のスパイクこそが高校生らしいのであれば、サッカーやラグビーの選手たちは高校生らしくないということになるのでしょうか。これこそが、世間から乖離した野球界の象徴だと僕は考えています。また、女子生徒の下着の色を指定するような、いわゆる〝ブラック校則〟の問題と同じ構造だとも思っています。

学校の授業では多様性を大切にすることを教え、部活動では黒と白のスパイク以外は許さない。時代の流れを考えれば、こうした矛盾はいずれ通用しなくなります。もちろん、それがどんな規則や制度であれ、いざ変更するとなると組織のなかで定められた然るべき手続きが必要です。それには時間がかかるかもしれません。筋の通らない規則の即時撤廃を求めているわけではなく、少しずつでも改善していくことが大切だと思います。

野球自体のルールにしろ、道具などの規則にしろ、誰が聞いてもおかしいと思うものは、なるべく早めに変更する。賛否両論がある事柄については議論を重ねる。世間では当たり前に行われているそうしたことを大人の側が実践する。それが選手らの健全なスポーツマンシップを育むことにつながり、必要以上のルールを作らなくて済む――。僕はそう信じています。

第3章　指導者の方へ

指導者の「引き出し」は多いほうがいい

ゴロを捕るときは腰をしっかりと落としなさい。ダウンスイングでボールを上から強く叩くこと。ボールを引き付けて、ギリギリまで体が開かないように——。ひと昔前の野球を経験した人であれば、耳にタコができるほど、指導者からこれらのことを言われたはずです。

こうした言説は、長らく野球の〝基本〟とされてきました。しかし、そのなかにはいまではむしろ間違いとされているものもあるのです。少なくともいま挙げた三つは、すでに絶対的な正解ではなくなっています。

その他のスポーツもそうであるように、野球の理論や指導法も絶えずアップデートしているのです。今回はそんな話をしてみようと思います。

源田たまらん——。これは、埼玉西武ライオンズのショート・源《げん》田《だ》壮亮《そうすけ》選手の好守備を賞賛する際に、ファンのあいだで使われる有名なキャッチフレーズです。源田選手といえば、球界を代表する守備の名手。特に捕球してから送球までの素早さは、動画を早送りしているのかと思わせるほど、プロ選手のなかでも随一です。

そんな源田選手の守備を見ていると、あることに気がつくはずです。そう、捕球の際の腰がそこまで低くないというか、どちらかといえば高いのです。それにもかかわらず、彼は球界でもトップクラスの守備力を誇っています。なぜでしょうか。

源田選手の体型を見ると、腕や脚が長いことがわかります。腕が長ければ、軽く腰を落としさえすれば、グローブは地面につきます。だから、そこまで腰を落とさなくても、堅実な守備が可能なのです。むしろ、脚が長い選手が深く腰を落としすぎると、捕球までは良くてもその次の送球に移る動作に支障が出てしまいます。ゴロは捕球するだけでなく、一塁へ送球して初めてアウトになるのです。

源田選手の例からわかるのは、ひとことで〝腰の高さ〟と言っても、それは個々の選手の体型に大きく依存するということです。また、ゴロの守備は捕球と送球がセットであるため、その一連の動作に最適な〝腰の高さ〟が望まれるということです。すなわち、なんでもかんでも腰を落とせば良いというわけではないというのが、いまのゴロ捕球の正解なのです。

同様に、打撃の際のスイングの軌道や、体の開き具合についても、その理論や指導法はアップデートしています。スイングの軌道は、その打者がどんな打撃を志向しているのか、あるいは、どのコースの球を打つのかなどの個別の条件によって、ダウン（上から下に）、レベル（水平に）、アッパー（下から上に）の三種類のスイングがどれも正解になり得るのです。

スイングについては、本人の意識と実際の軌道にズレが生じている場合もあります。本人がレベルで振りたいと思っていても、実際にはアッパーになっている場合には、指導者は「もう少しダウン気味に」と声をかけなければなりません。あるいはレベルに振ろうと思ってもダウンになる選手には「意識はアッパーで」と声をかけるべきでしょう。他方、体の開き具合についても、「体が開かないように」というのは、あくまで意識づけのための言葉と言えます。

ピッチャープレートからホームベースまでの距離は、一八・四四メートル。仮に投手が一四〇キロの球を投げると、打者の手元に到達するまでの時間はおよそ〇・四秒と言われています。打者は球が投手の手を離れてから、直球か変化球か、ストライクかボールか、打つか打たないかの判断をするわけですが、その判断までに打者に与えられた時間は約〇・二秒しかありません。

この時間が何を意味するかというと、投手がボールをリリースしてから〇・二秒の時点までは、確かに体は開かないほうがいい。しかし、いざ打つと判断すれば人体の構造上、体を開かなければまともなスイングはできないので、思い切り体を開いてバットを振らなければならないのです。

それを「体が開かないように」という指導者の言葉を額面どおりに受け止めて、〇・二秒を過ぎても体が開かないようにしていれば、待っているのは空振り三振か、運が良くても四球です。あるいは体を閉じたまま手だけで振りにいったとすれば、良いバッティングができるはずがありません。

このように「体が開かないように」というのは、あくまでギリギリまで球を見極めるための意識づけの言葉なのです。決して、体が開きさえしなければ正解という安直な意味ではありません。

まずは大人の側が変わること

トクサンTVをご覧くださっている少年野球のコーチや野球少年・少女の親御さん

から、ときどきこんなメッセージを頂戴します。「トクサンTVのおかげで、子どもたちが私の指導を聞かなくなりました(笑)」と。

トクサンTVでは、しばしば野球理論についての解説動画を配信しています。他の競技もそうですが、最近は日本でもスポーツ科学が現場にも普及し始めています。科学に基づいた運動理論や最新のテクノロジーを用いた指導が一般的になりつつあるのです。

先に挙げたかつての三つの〝正解〟についても、それらを活用した最新の知見によって、絶対的な地位を譲ることになったわけです。

トクサンTVで、そんな最新の野球理論やテクノロジー、さらには指導法などをお伝えし、それを見た子どもたちが、コーチや親の言うことを聞かなくなる。さきの視聴者からのメッセージは、そのことに対する冗談半分の苦情なのです。

確かに、現場のコーチや親御さんたちにも、それぞれの指導の方針があるはずですから、トクサンTVがそれを邪魔してしまっている面があるのかもしれません。しかし、一野球人として思うのは、僕が子どもの頃にトクサンTVのような動画があれば、どれだけ良かっただろうということです。

動画がなかった頃の子どもたちは、例えばプロ野球や社会人野球などのハイレベルな野球選手が、どんな練習をしているのかといったことを知る由《よし》もありませんでした。また、トップアスリートを指導するトレーナーのメソッド（方法）を知る機会もありませんでした。もし、それらを知ろうとすれば、球場に足を運んだり、実際にトレーナーに指導を受けたりと、時間やお金が必要だったのです。それがいまでは、ＹｏｕＴｕｂｅさえ見ることができれば、それなりに最新の情報に触れられるのです。

別の角度から言えば、子どもたちに野球を指導する立場の人々は、野球に対する信念や精神性などとは別に、理論や指導法については常に最新のものにアップデートしていく必要があるでしょう。

一個の引き出ししかない指導者から野球を教わるのか、一〇個の引き出しがある指導者から野球を教わるのかでは、子どもたちにとっては雲泥《うんでい》の差だからです。

最も良くないのは、精神性と理論を混同してしまうことです。例えば、昔からある練習メニューの千本ノック。さすがに実際に千本もノックをする人はいないはずですが、かつては試合に負けたり、エラーをしたりした選手に対する罰として、長時間のノックが行われたりしました。

そのメニューはあくまで罰であり、守備力強化のためのものではありません。選手の目線に立てば、何時間もノックを受けることになれば、最後まで体力が尽きないようにという意識が働きます。それではまったく技術は向上しませんし、余計な疲労を溜《た》めてしまうだけです。

野球理論や指導法のアップデートは、どんな時代も常に指導者の側に突き付けられた課題なのです。大切なのは、まずは大人の側が変わること。僕はそう考えています。

声かけとメンタルの絶妙な関係

昨年（二〇二二年）末、埼玉西武ライオンズ（二三年当時）の山川穂高《やまかわほたか》選手の自主トレーニングを取材する機会がありました。山川選手といえば球界を代表するスラッガーで、昨シーズンは本塁打と打点でリーグ二冠を達成しました。我々は主に山川選手のバッティング練習を取材し、ところどころでご本人の打撃理論を語っていただくという実に贅沢《ぜいたく》な時間でした。その様子はＹｏｕＴｕｂｅの「トクサンＴＶ【Ａ＆Ｒ】」で公開しています。

取材のなかで特に印象に残ったのは、山川選手のメンタルコントロールについての考え方でした。話を聞くと、山川選手は昨季からメンタルトレーナーをつけているそうです。なかには「あれだけ活躍している山川選手がメンタルトレーナーを？」と思う人がいるかもしれません。詳しく話を聞くと、その理由はとても合理的であることがわかりました。

シーズン中は毎日が結果を出せるかどうかの勝負。翌日を迎えるのが怖くて、ぐっすりと眠れない日もあると言います。また、ホームランを打った日には、あまりにも感覚が良すぎると、それを忘れないために一睡もしないで翌日の試合に臨むこともあったそうです。

一般的には調子が悪いときほど試合後に打ち込みなどの自主練習を行ったりしますが、山川選手はしないそうです。打ち込みは調子が悪いときではなく、むしろ調子が良いときにするというのです。その理由は、調子が悪いときに打ち込みをすると、パニックになってしまうから。この感覚は、野球を経験したことがある人なら、理解できるのではないでしょうか。

結果がすべての世界における想像を絶する重圧。精神状態がパフォーマンスに与える影響の大きさ——。それらを考えると、肉体面のケアをトレーナーがサポートするように、メンタル面も第三者にサポートしてもらったほうが良いに決まっています。メンタルトレーナーをつけるのは何もメンタルの調子が良くないからという理由だけでなく、メンタルが不調にならないようにとか、常に万全のコンディションで試合に臨めるようにとか、そうした理由も大きいはずです。山川選手の話からは、改めてスポーツにおけるメンタルの重要性を教えてもらいました。

とはいえ、アマチュア野球でプレーする選手がメンタルトレーナーをつけるというのは、費用などの面からあまり現実的ではありません。ならば、アマチュア野球人はどのようにメンタルコントロールをすれば良いのでしょうか。トレーナーがいなければ、自分でやるしかないのか。できる人はそれでも良いのかもしれませんが、肉体のケアと同様にそれには限界があると僕は思います。

確かに年齢と経験を重ねれば、ある程度は自分自身でメンタルをコントロールできるようになるものです。例えば、僕は二〇二三年の三月で三十八歳を迎え、小学三年生から始めたソフトボールを含めると球歴は三〇年になります。いまは草野球でしかプレーをしていませんが、大学時代は硬式野球で全国大会にも出場しました。そんな僕も、草野球の試合でサードを守っているときに無死満塁のピンチになれば、いまでもそれなりに緊張はします。「エラーをしたらどうしよう……」と考えてしまうのです。それが試合終盤の勝負を左右する場面ともなれば、なおさらです。では、僕はどのように自身のメンタルをコントロールしているのか。

一つは、「サードに打たせてくれたら、俺がゲッツーを取ってやる」と投手に声をかけて、自分で自分を鼓舞します。そしてもう一つは、送球のことや走者のことは必要以上に気にせず、打球を捕ることにだけ集中します。「捕球さえすれば、あとはいつもどおり」と、自分がやらなければいけないことを簡素化するのです。

打撃においては、僕は二番打者で出場する機会が多いので、一打席目で相手投手には歯が立たないと判断したときには、無理に「打ち崩してやろう」と思わないようにしています。四死球で出塁することを考えたり、セーフティーバントで相手を揺さぶったりということに専念するのです。自分と相手の実力を的確に見極めて、必要があれば早めに諦める。これも一つの、メンタルの状態を保つ方法だと僕は考えています。

見逃し三振は気持ちの問題？

感覚としては、試合では八割の力で勝負する。残りの二割はバッファ（緩衝材）として置いておく。そのくらいの心持ちが、メンタルに余裕を持つ方法ではないかと思います。

ただし多くの場合、そうした余裕は年齢と経験が積み重なってようやく持てるものです。アマチュアのなかでも、とりわけ小中学生や高校生にそれを求めるのは、ずいぶんとハードルが高い。そこで重要になるのが、指導者の〝声かけ〟です。

ときどき、エラーや見逃し三振をすると、すぐに選手を叱りつける指導者がいます。叱られてしまうと、よほど負けん気が強い選手でない限り、落ち込んだり、萎縮したりして、次のプレーのパフォーマンスが下がってしまいます。エラーやミスが起きた原因を明確にしてあげて、次のプレーにつなげる。あるいは、その選手の課題を見つけ出して、それを克服するための練習につなげる。指導者にはそうした声かけが必要なのです。

見逃し三振は、かつては打者の気持ちの問題とされていました。いまでも、野球中継の解説で「振らなければ始まらない」と打者の弱気を指摘する方がいたりします。そんな指摘を指導者から受ければ、選手は決して良い気はしません。僕は、内容しだいでは見逃し三振は仕方のないことだと考えています。なぜなら、バッティングというのは、そもそもサイコロのような性質を持っているからです。多くの場合、打撃は狙った球が来るか来ないかで結果が変わります。

もちろん、配球を読んだり、読みが外れたときにうまく対応したりといったことも実力のうちですが、毎回うまくいくなんてことはあり得ません。

一つ具体例を挙げます。低めのフォークボールに空振りをして、カウントがツーボール・ツーストライクになったとします。セオリーどおりに考えれば、バッテリーはもう一球ボール球を使えます。先の空振りからすれば、バッテリーは「打者には〝打ち気〟がある」と考えるかもしれない。ストライクゾーンに投げれば打たれる確率が高くなるから、もう一球低めのボール球のフォークを振らせようとするのではないか――。打者がこんな読みをしたとします。

しかし、結果的にバッテリーが選んだのはインコースの直球。低めのフォークを待っていた打者は、体をのけぞるようにして見逃し三振してしまいます。こうした〝読み違い〟に対して「気持ちの問題だ！」「振らなければ始まらない」と言ったところで、何も生まれません。

声をかけるならば「どんな読みだったのか」と尋ね、選手なりに考えて準備をしていたのならば、「それなら仕方ない。気持ちを切り替えよう」と声をかけるのが適切でしょう。

選手は指導者に叱られなくとも、自身のプレーの結果に一喜一憂しがちです。エラーをすれば悔しいし、見逃し三振をすれば落ち込みます。だからこそ、指導者はなんでもかんでも叱るのではなく、選手の気持ちの整理をサポートしてあげてほしいと思います。

エラーした選手が同じミスを繰り返さないように。見逃し三振をした選手が、次は良いイメージで打席に入れるように。常にそうした考えを持って声をかけていけば、チームの勝利にも選手の成長にもつながるはずです。選手のメンタルをマネジメントするのも指導者の大切な役割です。

草野球チームで主将を務める僕自身も含めて、アマチュア野球の指導的立場にある人は、常に学び続けなければなりません。

サングラスから考える子どもの権利と大人の論理

青い空と白球には、照りつける太陽の光が似合う……と言いたいところですが、それは野球を観戦している人の目線です。選手からすると、太陽の光は宿敵と言っても過言ではありません。

高く打ち上げられたフライを捕球するときに、ボールと太陽が重なろうものなら、それはもはや死活問題です。あるいはフライでなくとも白球は文字どおり白いので、かんかん照りの日には太陽光が反射して見にくかったりします。

WBCで大活躍した侍ジャパンのラーズ・ヌートバー選手が、アイブラック（眩《まぶ》しさを軽減するための黒いグリースもしくはシール）をしていたのを覚えている人も少なくないと思います。WBCの侍ジャパンの試合は、いずれもドームでの試合やナイトゲームでした。それでもヌートバー選手がアイブラックをしていたのは、外野手として特に守備の際に太陽と同じく照明にも気をつけなければならないからです。

太陽や照明の光を遮《さえぎ》るツールには、他にサングラスがあります。プロ野球選手でサングラスをかけている人を見かけたことがあるはずです。実は今、このサングラスの技術革新が著《いちじる》しく進んでいます。なんと、ナイトゲームに適したものや曇天時に適したものなどのサングラスが発売されているのです。僕自身は三種類のサングラスを季節や天候、シチュエーションによって使い分けています。

「サングラス」というだけあって「曇りの日にサングラス？・」と思う人がいるかもしれません。そんな方にはぜひ一度曇天に適したサングラスをかけて野球をプレーしてもらいたいと思います。曇りの日は空気自体がどんよりとしていて、それはそれで白球がぼやけて見えたりするのですが、曇天に適したサングラスをかけるとボールがクッキリと見えるのです。

なかにはサングラスをかけるということ自体に抵抗がある人もいますが、ずっとかけ続けていれば慣れてくるものです。僕の場合はむしろ、その見えやすさからパフォーマンス重視でサングラスをかけるようにしています。

何の制約もなくかけられるなら

パフォーマンスを重視するのであれば、サングラスはかけたほうがいい。あるいは、子どもの場合は目の健康やケガの防止などの安全面でもかけたほうが良いかもしれない。僕はそう考えるタイプなのですが、小中高校生のあいだでは、話はそんなに単純ではないようです。

彼ら・彼女らからすれば「何の制約もなくかけられるなら、人に言われずともかけている」といった話だと思います。その「制約」とは何か。いくつかのことが思い浮かびます。供給の問題や経済的なハードル、子ども同士の同調圧力、各チームの内規、連盟のルールなどです。ここでは一つ一つ見ていきたいと思います。

まずは「供給の問題」です。実は、大人のサングラスに比べて子どものサングラスにはバリエーションがありません。メーカーとしては、需要がないから作っていないということだと思います。裏を返せば、需要があってメーカーとして採算性が見込めるのであれば、子ども用のサングラスのバリエーションは増えるはずです。

需要と供給の話には、二つ目の「経済的なハードル」もかかわってきます。野球はお金がかかるスポーツです。ユニフォームも帽子やソックス、アンダーシャツなど点数が多いですし、グローブやバットも必要です。そしてサングラスは決して安くはない。性能を求めるとなおさらです。それが子どもたちのハードルになっているのです。需要が少ないなかで採算を考えると、どうしても価格が高くなってしまいます。需要が増えれば低価格化につながり、少しはハードルも下がるはずです。

押し付けられる大人の視点

個人的に重要だと思うのはここからです。三つ目の「子ども同士の同調圧力」には、「サングラスなんて格好つけやがって」といった外部からの声や視線だけでなく、「チームの皆がかけていないのに、自分だけかけたくはない」といった内面化されたものもあります。この同調圧力は次の「各チームの内規」や「連盟のルール」に反映されている大人の視点が作り出したものだと僕は考えています。

多くの場合、内規はそれぞれのチームの監督や部長が決めています。一定より上の世代の人たちは、いわゆる根性論やスパルタ教育を受けてきています。最近では指導者の暴力問題が取り沙汰されているので、ずいぶんと考え方は変わってきているものの、まだまだ旧態依然とした部分もあります。

その一つがサングラスに対する考え方です。サングラスと聞くだけで、すぐに「格好つけずに野球に集中しろ」といった話になってしまうのです。僕がサングラスを推奨するのはパフォーマンスの向上と安全面の確保の観点からもありますが、格好つけることが悪いことだとは思っていません。むしろ格好いいと思ってもらえることはそのスポーツにとって重要な要素。指導者の方々には、子どもたちの可能性を否定するのではなく、子どもたちの「うまくなりたい」と思う気持ちを支え、応援するチームづくりや指導を行ってもらいたいと思います。

色の選択肢を与えないルール

最後に残ったのが「連盟のルール」です。いくら各チームが内規でサングラスを許可したとしても、連盟のルールがそれを許さなかったり、制限をかけていたりではどうにもなりません。高校野球連盟は、高校球児のサングラスの着用を認めています。ところが、次のような条件を設けています。

〈サングラスを使用する可能性のある時は、試合前（メンバー交換時）に主催者・審判員に申し出て許可を得たものの使用を認めることとする。メガネ枠はブラック、ネイビーまたはグレー（ホワイトは不可）とし、メーカー名はメガネ枠の本来の幅以内とする。グラスの眉間部分へのメーカー名もメガネ枠の本来の幅以内とする。〉

つまり、事前に申請する必要があるし、フレームやレンズの色も制限されているのです。この規定にどのような根拠や論理があるのでしょうか。用具の色については、他にもグローブやスパイクなど、高校野球では厳格な規定があります。高校生に色の選択肢を与えないという点に、昨今、問題となっている〝ブラック校則〟と同じものを感じるのは僕だけでしょうか。

仮に用具の色についての規定をなくす場合には、メーカーの在庫の問題が生じます。したがって、変更する場合には数年単位で事前に告知をする必要があるでしょう。既存のルールを変更するためには、時間と労力が必要であることは僕もよく承知しています。そのうえで、各チームの内規にしろ、連盟のルールにしろ、検討し直しても良いことは積極的にそうしてもらいたいと思っています。

子どものサングラス問題はこれまでに僕のＹｏｕＴｕｂｅチャンネルでも取り上げてきました。すべての野球少年・少女のためにも今後も地道に続けていくつもりです。

「肩が強い」の日米比較と上手投げ神話

野球ではよく「肩が強い」という言葉遣いをします。外野手がタッチアップのランナーを補殺したり、遊撃手が三遊間の深いところのゴロを処理してバッターランナーをアウトにしたり、捕手が盗塁を阻止したり——。肩の強さは守備の大事な場面で重宝されます。

多くの人は「肩が強い」というと、ボールを遠くに投げられたり、速く投げられたりといったことを思い浮かべるはずです。しかしこの二つは、必ずしも比例するわけではなく、あくまで相関関係です。遠くに投げられる人が一五〇キロを超す速球を投げられるかといえばそうでないケースもありますし、その逆も然りです。ところが、日本のとりわけアマチュア野球では「肩が強い」というと「遠投の距離」を連想する人が多いように思います。他方、アメリカでは「球速」が重視されています。野手の送球をスピードガンで計測したりしているのです。なぜでしょうか。

通説では、遠投は四十五度の角度で上向きに投げる山なりのボールのときに最も距離が伸びると言われています。しかし、よく考えてみると野球の試合中にそんな山なりのボールを投げる場面はありませんし、内野手ではまずあり得ませんし、外野手の補殺の場面でも山なりのボールを投げようものなら監督やコーチから叱られます。バウンドしたとしても、ライナー性のボールのほうが速く目的の場所に到達するからです。

つまり「遠投の距離」で計測できる「肩の強さ」はまったく試合では生きないのです。それでも「遠投の距離」＝「肩の強さ」というイメージがなくならないのは、おそらく遠投は「一〇〇メートル」という形で、明確な数字として表れるからでしょう。

僕はこれまでアマチュア野球界のなかでは強肩《きょうけん》と言われてきました。大学生の頃は、遠投で一〇〇メートル前後は投げられていたと思います。これがプロ野球の肩が強い選手になってくると、一二〇メートルを超えると言われています。歴代の肩が強い日本人選手としては、まずはイチローさんや新庄剛志《しんじょうつよし》さんが挙げられるはずです。野球好きのあいだで知られているのは、元中日ドラゴンズの英智《ひでのり》さんです。現役の強肩選手といえば、北海道日本ハムファイターズの万波中正《まんなみちゅうせい》選手などでしょうか。プロ野球の強肩選手ともなれば、なかには遠投が一三〇メートルを超える選手もいるようです。

興味深い現象があります。それはＭＬＢに挑戦した日本人の内野手に関してです。日本では不動の遊撃手や三塁手だった選手が二塁手にコンバートされるケースが少なくないのです。もともと遊撃手だった選手には、西武ライオンズからニューヨーク・メッツに移籍した松井稼頭央《まついかずお》さんや、千葉ロッテマリーンズからミネソタ・ツインズに移籍した西岡剛《にしおかつよし》さんがいます。もともと三塁手だった選手には、東京ヤクルトスワローズからタンパベイ・デビルレイズ（現レイズ）に移籍した岩村明憲《いわむらあきのり》さんがいます。

チーム事情も関係するので一概には言えないものの、これらのコンバートには肩の強さも関係していると僕は考えています。松井さんや西岡さん、岩村さんの肩が弱いわけではありません。彼らの肩の強さを上回るチームメートがいたという話です。野球好きであれば、ＭＬＢの遊撃手や三塁手が深い守備位置からノーステップやジャンピングスローでレーザービームのような送球をするダイジェスト動画を見たことがあるはずです。より肩が強い選手を遊撃手や三塁手に起用することで、日本人選手らは二塁手にコンバートされた。僕はそう見ています。

正しい投げ方？　上手投げ神話

では、どうすれば肩は強くなるのでしょうか。いくつか言えることがあります。何よりまずは肉体そのものを強くすることです。子どもに比べて大人のほうが肩が強いように、遠くに速くボールを投げるためには強い身体が必要です。スポーツである以上は、肉体の強さは基礎中の基礎です。

そのうえで、僕自身の体験を踏まえて言えることが一つあります。それは必ずしもオーバースローでなくても良いということです。少年少女野球や中高生の野球では、いわば〝上手投げ神話〟のようなものがあります。「上から投げ下ろすのが正しい投げ方」「強いボールを投げるには上手で」といった指導が大半を占めているのです。

結論から言えば、この〝上手投げ神話〟は間違いです。正しい投げ方は上手投げではなく、選手個々人の体型や関節の柔らかさなどに合わせたフォームです。万人に共通した正しい投げ方は存在しません。例えば、人間の身体は縦旋回と横旋回の動きをします。縦旋回のほうが強いボールを投げられる人もいれば、横旋回のほうが強いボールを投げられる人もいるわけです。

イチローさんや新庄さんの補殺のシーンをよく見てみると、ぱっと見では上から投げ下ろしているように見えますが、実際には上体が大きく横に傾いているので、腕の位置はスリークォーター気味です。僕自身は子どもの頃から横手投げをしてきました。大人になってから、自分の身体は横旋回のほうが強い力を発揮できることを知り、上手投げを強制してこなかった小中高時代の指導者に改めて感謝しました。野球の指導者には、未来ある子どもたちのためにぜひとも〝上手投げ神話〟から脱却していただきたいと思います。

肩を強くするトレーニング

もう一つ言えるのは、身体に最大出力を覚えさせることです。広島に「マックストレーナールーム」という野球専門トレーニングジムがあります。小学生からプロ野球選手まで、幅広い野球人のためにパフォーマンスアップやコンディショニングなどの指導を行うトレーニングジムです。

そこのジムで行われているトレーニング方法の一つに、プルダウンというものがあります。プルダウンとは助走をつけての全力投球。これを捕球ネットに向かって繰り返すのです。助走をつけて全力投球を続けることで、最大出力を身体に覚えさせるわけです。このトレーニングを教えてもらったときに、あることを思い出しました。

高校生の頃の僕は、足の速さでは誰にも負けない自信がありました。しかし大学に入ってみると自分よりも足の速い先輩がゴロゴロといたのです。そこで僕は一〇メートルから二〇メートルの短い下り坂ダッシュのトレーニングに打ち込みました。下り坂をダッシュすると、筋肉がそのスピード感を覚えるという理屈です。あまり長い距離を走るとケガのリスクが高まるので、短い距離で行うのが一般的です。最大出力を体に覚えさせるという点では、同じ理屈ではないかと思います。

実戦で役立つ〝肩の強さ〟の認識を広めて〝上手投げ神話〟から脱却してもらう。そして、正しいトレーニング方法を普及させる。そうすれば、将来的にはプロ・アマ問わず強肩の選手が増える気がします。ＭＬＢで三遊間の深いところからレーザービームを放つことができる日本人選手が誕生するかもしれません。

世界最高峰のアスリート教育の現場から

二〇二三年八月、アメリカ・フロリダ州にある「IMGアカデミー」という私立の中高一貫校に取材に行ってきました。

同校は、世界八〇カ国から生徒が集まりプロスポーツ選手を目指す全寮制の学校です。もちろん授業も行われますので高校の卒業資格を得られ、卒業生の九五パーセントは全米大学体育協会（NCAA）の最高ランクであるディビジョン・ワンの大学に進学するそうです。テニス、ゴルフ、野球、バスケットボール、サッカー、アメリカンフットボール、陸上競技、バレーボールなどの部活があります。

訪問してみてまず驚いたのは、なんといってもその広大な敷地《しきち》です。東京ドーム五〇個分の敷地には、校舎や寮、トレーニング施設の他に、五五面のテニスコートや一八ホールのゴルフコース、一六面のサッカーグラウンド、五〇〇〇席のスタジアムを備えた陸上トラック、そして九面の野球場があるのです。

ちなみに学生たちが暮らす寮には、まるでリゾートホテルのような奇麗《きれい》なプールがありました。

ＩＭＧアカデミーでは、毎年生徒の募集が行われており、取材時にたまたま入学を検討するために校内を見学している人たちとすれ違ったのですが、彼らは敷地が広すぎるため職員が運転するカートに乗って移動していました。敷地内には、軽食などを販売するキッチンカーもあり、さながらどこかのテーマパークのようでした。

トレーニング施設には、最新鋭のマシンが揃っており、病院やリハビリ施設も併設されています。さらに、カフェのカウンターのようなところに行くと、学校のスポンサーであるゲータレードのスポーツドリンクやプロテインが飲み放題。学生たちは、トレーニングの前と後に何のスポーツドリンクやプロテインを、どのくらい飲めば良いかを授業で習っているそうです。さすがプロスポーツ選手を目指すための学校。一般的な私立の中高一貫校とはわけが違います。

ＩＭＧアカデミーを取材することになったのは、僕の高校時代の同級生が同校に勤めていることがきっかけでした。日本にはないアスリート教育をこの目で見てみたいと思い、同校を訪れることにしたのです。

実は、ＩＭＧアカデミーには現在、上原浩治《うえはらこうじ》さんの息子の一真《かずま》君が所属しています。

十七歳の彼は、中学三年から同校に通い始めたそうです。僕のＹｏｕＴｕｂｅチャンネル「トクサンＴＶ」では、一真君とキャッチボールをしたあとに、彼にインタビューを行いました。

上原さんのＭＬＢ挑戦に伴って一真君がアメリカに渡ったのは三歳の頃。その後は、父親の移籍のたびにボルチモア、テキサス、ボストン、シカゴと転々とし、二〇一八年に東京に戻ってきます。

上原さんが二〇一三年に日本人初のワールドシリーズ胴上げ投手となったことは、日本球界で燦然《さんぜん》と輝きを放つ歴史の一ページです。当時の一真君は七歳。話を聞くと、ＭＬＢのスーパースターで上原さんのチームメートだったデビッド・オルティーズの息子と、よく球場で遊んでいたそうです。ＭＬＢ選手の息子となると、やはり交友関係もメジャー級でした……。

そんな一真君は投手と外野手でＩＭＧアカデミーに所属しています。左投げ左打ちで、直球は一三〇キロ台後半を投げるそうです。日本の高校生のサウスポーであれば十分な球速ですが、アメリカには同世代のサウスポーで一六〇キロを投げる投手もいるというので驚きです。

野球が終わっても残りの人生がある

日常会話は英語で行う一真君でしたが、インタビューは日本語で受け答えしてくれました。ところが、ＩＭＧアカデミーに所属して最も成長したことを聞いたときに、適切な日本語が出てこず、スタッフに英語で質問します。「self discipline って日本語でなんて言うんでしたっけ？」

「self discipline」――日本語で「自己規律」という意味です。自分はいまどんなトレーニングをするべきなのか。体を作るためにはどんなものをどれくらい食べるべきなのか。試合前にはどれくらいの睡眠と水分をとって、どんなストレッチをするべきなのか。

授業で学ぶそれらのことに規律をもって一つ一つ取り組んでいかなければ、一〇〇パーセントのパフォーマンスは発揮できない。ＭＬＢを本気で目指す高校生は、そこまで真剣に野球に向き合っているのです。

単に野球の練習だけしておけば良いのではなく、必要なことをしっかりと学んだうえて野球に打ち込む。この姿勢は、野球以外の面でもとても大切です。そんなことを僕が言うと、一真君から意外な言葉が返ってきました。「人生は野球が終わっても仕事とかがあるので」と。まさかＭＬＢを目指している十七歳から、そんな言葉が出てくるとは思いませんでした。

若い野球人にこそキャリアデザインを

元プロ野球選手や本格的にプロの世界を目指していた社会人・大学生・高校生の引退後の進路は、かねて大きな課題となってきました。子どもの頃から野球に打ち込んできた人がいざ競技を離れると、バーンアウト（燃え尽き）症候群に陥ってしまう場合があります。学業を犠牲にした人ほど野球以外のことに価値を見いだせないというケースはよく耳にします。

数年前には、とある元プロ野球選手が引退後に自己破産をしていたことが明るみに出ました。

高卒や大卒でプロ野球選手になり、一軍に定着すれば数千万円の年俸、さらに活躍すれば一億円を超える年俸をもらえるようになると、一般的な金銭感覚でいるほうが難しいはずです。しかし、プロ野球選手の引退年齢の平均は二十代後半といわれています。どんなに現役を長く続けても四十歳前後には引退のときを迎えます。

引退してすぐに解説者や球団関係の仕事に就ける人はごく一部です。そうなると、大半の人々は野球以外の仕事に就かなければならなくなる。これまで野球しかやってこなかったとなると、セカンドキャリアのスタートの時点で大きな壁が立ちはだかります。

高校生の頃の僕は、そんな現実を考えたことがありませんでした。まずは甲子園に出場して、野球の強い大学に進学し、プロになる。それ以外のキャリアデザインは一切考えていなかったのです。

僕の場合は幸運なことに野球に関連する仕事ができていますが、一つでもボタンを掛け違えていれば、野球とは関係ない仕事に何の価値も見いだせないまま、日々を送っていたかもしれません。だからこそ、日本でもプロ野球を目指す人ほど、なるべく早いうちからキャリア教育を受けるべきだと思います。

僕の母校・創価大学の野球部のグラウンドには「輝け！ 人間野球 めざせ全国制覇」

との看板が掲げられています。野球で頂点を極めることよりも前に、人間としての成長を目的とする。そんな理念を表した言葉です。一真君から世界最高峰のアスリート教育についての話を聞いて、僕の頭のなかには母校の野球部で受けた薫陶《くんとう》の日々が蘇ってきました。

本書は、月刊『潮』二〇二一年九月号から二〇二四年四月号に連載された「トクサンの『人間野球』日誌」の一部を収録したものです。所属や肩書き、時系列にかかわる表記は雑誌掲載当時のものです。

トクサン　野球YouTuber

本名・徳田正憲。1985年東京都生まれ。帝京高校で甲子園出場。創価大野球部では主将として全国ベスト4、リーグ首位打者、盗塁王に輝く。2016年8月、動画投稿サイト「YouTube」に「トクサンTV」を開設。チャンネル登録者数は80万人を超える（2024年6月現在）。著書に、『トクサンTVが教える超バッティング講座』『永遠の野球少年トクサン』など。

潮新書 061

「トクサンTV」的野球考

2024年 7月20日 初版発行

著 者｜ トクサン
発行者｜ 南 晋三
発行所｜ 株式会社潮出版社
〒102-8110
東京都千代田区一番町6 一番町SQUARE
電話 ■ 03-3230-0781（編集）
■ 03-3230-0741（営業）
振替口座 ■ 00150-5-61090

印刷・製本｜ 株式会社暁印刷
ブックデザイン｜ Malpu Design

ISBN978-4-267-02422-1 C0295